ENERGÍA *Chi*
LIBRO PRÁCTICO

ENERGÍA *Chi*

LIBRO PRÁCTICO

*Una guía práctica sobre la energía esencial
que abarca todas las terapias holísticas
y como beneficiarse a partir de ella.*

SIMON G. BROWN

âgama
PUBLICACIONES

Título original: *Chi Energy Workbook*
Publicado por primera vez en el Reino Unido, en
2003, por Carroll & Brown Publishers Limited; 20
Lonsdale Road; London NW6 6RD
Editora del proyecto: Anna Amari-Parker
Editora artística: Emily Cook
Fotógrafo: Jules Selmes
Para esta edición:
Coordinación: Jorge L. Deverill
Traducción: Graciela M. Jáuregui Lorda
Corrección: Cecilia Repetti
Armado: Ariana Jenik

Âgama es una marca registrada
de Editorial Albatros.
Se ha hecho el depósito que marca la ley 11.723.
Prohibida su reproducción total o parcial.

Energía Chi - Libro práctico
1ª edición - 5.000 ejemplares
Impreso en Latin Gráfica SRL
Rocamora 4161 - Buenos Aires
Setiembre de 2005

Copyright © 2005 by Editorial Albatros SACI.
J. Salguero 2745 5º 51 (1425)
Buenos Aires – República Argentina
E-mail: info@edalbatros.com.ar

ISBN 987-1088-22-1

Brown, Simon
   Energía chi - 1a ed. - Buenos Aires : Agama, 2005.
   160 p. ; 19x26 cm. (Feng shui)

   Traducción de: Graciela Jáuregui Lorda

   ISBN 987-1088-22-1

   1. Feng Shui I. Título
   CDD 133.333 7.

CONTENIDOS

EXPLORAR
LA ENERGÍA *Chi*

PREFACIO

Mi primer encuentro con la idea de la energía chi fue a comienzos de 1980 cuando me embarqué en una dieta macrobiótica y al estudiar de las técnicas del masaje shiatsu, en mi búsqueda de respuestas sobre el mundo que mis estudios de ingeniería no me podían brindar.

Siempre pensé que la energía chi era algo exclusivo de la macrobiótica y el shiatsu, pero, a través de los años, descubrí que los principios de la energía chi constituyen la base de todas las terapias que continué aprendiendo. La energía chi era el factor esencial del feng shui, la armonización de los chakras, el reiki, la meditación, la acupresión, la alineación corporal, los meridianos de elongación, el tai chi, el qi gong y la moxibustión; todos los cuales formaron parte de mi vida profesional posterior.

Me encantó la forma en que mi estudio sobre la energía chi no era sólo intelectual o académico sino que representaba un verdadero acercamiento a una vida feliz y saludable. El antiguo concepto oriental sobre la energía chi se puede aplicar a cualquier disciplina cuerpo-alma, y comencé a realizar las conexiones más increíbles entre mí mismo y el mundo que me rodea. Con la ayuda de mentores japoneses pude sentir e incluso "ver" esta clase de energía. A través de los años, mi comprensión de la energía chi se desarrolló de tal modo que utilicé este conocimiento para "inventar" mis propias terapias.

Mientras dirigía los centros de recuperación en Londres y Filadelfia, comencé a incorporar cada vez más conocimientos sobre la energía chi. Sentí que era el hilo conductor de todo, desde cómo nos comportamos en forma diferente durante la luna llena hasta cómo puede influir una nube de lluvia sobre el medio ambiente y nuestro ánimo. Como concepto filosófico, la energía chi le daba sentido a todo, pero era como ascender por una montaña: cuando creía que había llegado a la cima, otro recorrido se abría ante mis ojos.

En pocos años de investigación, se unieron cada vez más piezas del rompecabezas de la vida. Y comprendí que este rompecabezas es más grande de lo que suponía, y aún disfruto del desafío de tratar de unir las piezas que restan.

En este libro, quiero enseñar cómo funciona esta fuerza esencial, y sus aplicaciones para la recuperación y el bienestar. En lugar de tratar las terapias por separado me gustaría ayudar a que localice su energía chi, que puede utilizar para mejor en forma personal y también a los demás. El trabajo con la energía chi le brindará una base firme para el desarrollo personal, la autocomprensión y una mejor calidad de vida.

La parte más interesante de mi trabajo es la gente que tengo el privilegio de tratar. Realmente no puedo decir que prefiera administrar un shiatsu a brindar una consulta feng shui o realizar moxibustión, lo valioso es la gente con la que interactúo. Espero que este libro lo ayude a sacar el mejor partido del resto de su vida.

¿QUÉ ES LA ENERGÍA CHI?

Una sutil fuerza electromagnética penetra todo en el universo para sostener la vida y las actividades. La misma nos conecta con todo y en China se denomina "chi" o "qi", en Japón "ki", y en India "prana". Esta fuerza penetra todo y fluye a través de todas las cosas vivientes ya que viaja de una entidad a otra del mismo modo en que la sangre recorre las venas llevando los nutrientes a las distintas partes del cuerpo. El cuerpo humano es un campo complejo de energía chi en continuo movimiento, que circula a través de las células, los tejidos, los músculos y los órganos internos.

De acuerdo con los principios de la energía, la energía chi no puede desaparecer ni se puede destruir, sino que se mueve y cambia de una forma a otra, y se renueva día a día. Imagine el flujo de la energía chi como un "campo" de emisión de energía que lo recorre internamente y a sus pensamientos, creencias, y emociones, pero combinado con otras influencias dinámicas que también lo rodean. Una parte de esta sustancia se aleja continuamente y se reemplaza por otra energía de su entorno,

CIRCUITOS DE ENERGÍA
La energía chi es como una supercarretera de varios carriles de energía que recoge y lleva información de una entidad a otra. Conduce y une todo en el universo, de modo que hasta el acontecimiento más pequeño y alejado podría afectarnos a todos.

LAS DISTINTAS "CARAS" DE LA ENERGÍA CHI

Para mí, la comprensión de mi energía chi significa que puedo controlar mejor mis estados de ánimo y, si lo deseo, encontrar la forma de cambiarlos. Por ejemplo, si me siento abatido, puedo elegir alimentos con energía para elevar mi energía chi, puedo meditar o elongarme para liberar mi energía chi y elevar mi cuerpo o visitar lugares que cambien mi energía chi para sentirme mejor. Puedo aplicar el mismo pensamiento cuando no me siento bien, cuando tengo desafíos en la vida o cuando necesito una perspectiva diferente.

como un campo magnético. Como la humanidad siente y piensa a través de la vida, existe una concentración de energía chi, también conocida como "conciencia de masas", que rodea el planeta.

Las ideas y los pensamientos de todos nos rodean. Si es capaz de relajarse y conectarse con estos "pensamientos", puede tomar ideas interesantes e incluso soluciones para sus problemas.

Permita que el flujo de la energía chi trabaje para usted: primero, comprenda cómo se mueve; y segundo, aplíquela a las áreas de su vida que más la necesiten. El intercambio continuo de la energía chi entre el interior y el exterior es lo que lo conecta efectivamente con todo lo que lo rodea. La energía chi renovada que incorpore le brindará algo del mundo que lo rodea: aspectos del clima, la energía chi de las personas que lo rodean, el ambiente de su hogar, aun la energía de lo que come. Esas concentraciones son muy pequeñas para percibirlas, pero fuerzas de energía chi mucho más poderosas, como la energía chi de la Luna y del clima, tienen efectos notorios sobre nuestros patrones de comportamiento. La formación de la energía chi interior se puede ver afectada a través de la tela de la ropa, el ejercicio que se practique, dónde se encuentre parado y las actividades que se desarrollen durante el día. Como los diferentes tipos de energía chi impactan sobre el campo de energía exterior, alterarán la composición de su energía chi interior e influirán en sus pensamientos y sentimientos.

LA ENERGÍA CHI A SU SERVICIO

Penetre en el corazón de la energía chi universal y utilícela para producir profundos cambios en su interior. Los diferentes tipos de energía chi interior y exterior lo conectan con el cosmos y todo lo que se encuentra en él. La energía chi interior circula por los pensamientos y sentimientos alrededor de su cuerpo y de este modo lo que piensa y siente cambia mientras fluctúa e interactúa con la energía chi exterior que lo rodea. Aprenda a regular la energía chi y disfrute de una mente, un cuerpo y emociones más saludables.

LA ENERGÍA *Chi* Y LA MENTE

Aunque sobresalimos en el desarrollo de nuestras mentes de manera convencional (lingüística, creativa, lógica, espacial, social y físicamente), rara vez desarrollamos nuestra capacidad mental para canalizar con éxito la energía chi. Algunos individuos son capaces de concentrar su energía mental con tanta intensidad que pueden mover, e incluso cambiar, la estructura física de los objetos (como doblar cucharas de metal). Otros, como los clarividentes y los lectores del tarot, pueden penetrar en el campo de energía de otros para revelar percepciones interiores de esas personas. Los practicantes de kung fu confían en los poderes mentales para realizar proezas de increíble habilidad y agilidad. Incluso existieron casos de personas que encontraron la fuerza para sobreponerse a una enfermedad terminal o fueron capaces de triunfar ante la adversidad adoptando nuevos sistemas de creencias. Esta clase de fenómenos testifican la habilidad de la mente para concentrarse y canalizar la energía chi con resultados óptimos y profundos. Mi libro contiene los medios para ayudarlo a nutrir y liberar esta habilidad.

LA ENERGÍA *Chi* Y EL CUERPO

La mayoría de las personas tiende a considerar sus cuerpos como objetos sobre los cuales "colgar" ropa, como vehículos para transportar su peso o como canales a través de los cuales cumplir con funciones vitales. Los individuos tienden a sentir sus cuerpos como algo "seguro" y sólo los "escuchan" cuando comienzan a sentir dolencias.

El cuerpo es la "antena" del campo de la energía chi. Al extender el brazo de un modo determinado enviará su campo de la energía chi en una cierta dirección. Hasta el gesto más pequeño puede influir sutilmente en lo que uno siente y piensa. Las prácticas orientales, como el tai chi y el yoga, movilizan y extienden la energía chi a través de una variedad de posturas que favorecen un flujo más armonioso. El resultado es una claridad mental mucho mayor, sentimientos de calma y fuerza interior.

Cuando la energía chi tiene un flujo libre, se irradia salud, y la piel, los músculos, los tendones, los ligamentos, los vasos sanguíneos, los órganos internos y los huesos retienen su elasticidad. Los músculos contraídos, las arterias endurecidas, los huesos frágiles o la piel seca son indicadores de que la energía chi se encuentra perturbada, y de que el flujo natural por el cuerpo está obstruido. Pruebe la elasticidad de su piel (ver página opuesta) para medir si el flujo de su energía chi es correcto.

LA ENERGÍA *Chi* Y LAS EMOCIONES

Nuestros sentimientos, junto con los cuerpos y las mentes forman el triángulo que define nuestra existencia. Cuando uno es joven, lleva el corazón en la mano, pero cuando envejece, ejerce un mayor control sobre lo que siente. Sin embargo, cuando somos adultos, la energía chi interior cambia e interactúa con la energía exterior. Esto afecta rápidamente las emociones, las cuales son cambiantes y susceptibles a otras influencias: todo esto a

veces se produce a causa de pequeños acontecimientos: porque sale el sol, por encontrarse en forma inesperada con un viejo amigo, por salir a dar una caminata.

Las emociones reprimidas provocan problemas ya que contienen energía chi atrapada, de modo que resulta importante que la energía se mantenga en un movimiento libre.

PRUEBE LA ELASTICIDAD DE SU PIEL

La calidad de la piel se evidencia por la elasticidad y flexibilidad que presenta. El flujo libre de la energía chi y una piel saludable van parejas.

1 Coloque las palmas juntas. Comience a alejarlas lo más posible, manteniendo los dedos juntos. Si puede colocar las palmas en un ángulo de 90°, se encuentra en muy buena forma. La mayoría de las personas se maneja entre 45° y 75°.

2 Tome una pequeña parte de la piel del antebrazo con el dedo índice y el pulgar. Estire la piel para probar la elasticidad.

3 Acuéstese de espaldas y doble las rodillas. Lleve los pies hacia las nalgas. Apriete la mano derecha sobre la costilla derecha para sentir el hígado. Si hay resistencia, se encuentra endurecido y no está saludable.

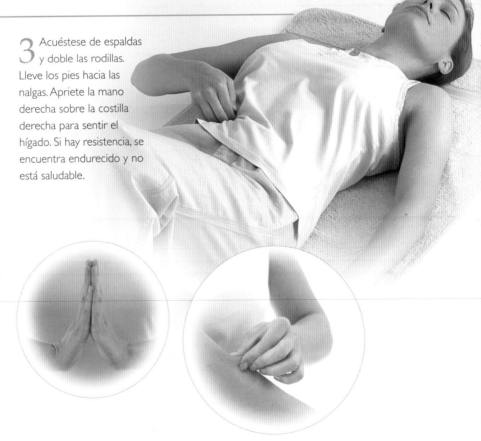

CÓMO UTILIZAR ESTE LIBRO

Mis mentores japoneses, Michio Kushi y George Ohsawa, alentaban a quienes concurrían a sus clases para que tomaran sus contrariedades, incluso las injusticias, como un sendero para convertirse en personas mejores y más fuertes. Mis años de ayudar a que las personas superaran dificultades me enseñaron que no existe una cura mágica para los problemas de la vida. Quizás el desarrollo humano en sí mismo dependa de superar un desafío. El objetivo principal debería ser desarrollar los recursos necesarios para obtener el mejor provecho de la vida y aprender las habilidades necesarias para ser una persona exitosa. La idea es destruir los bloqueos y cambiar los patrones que evitaron los éxitos en el pasado.

Este libro trata sobre las prácticas de la energía chi que consideré provechosas a lo largo de los años: acupuntura, reiki, shiatsu, tai chi, qi gong, aplicación de ventosas, feng shui, alineación corporal, moxibustión, meditación, respiración, elongación de meridianos, calibración de los chakras y limpieza de la piel. Todas se pueden incorporar fácilmente en la vida diaria, y convertir estas propuestas en algo muy poderoso, se estén o no atravesando problemas físicos o emocionales.

Consta de cuatro secciones: explorar la energía chi; la energía chi y la mente; la energía chi y el cuerpo; y la energía chi y las emociones. Cualquiera sea el área en la que se radiquen sus problemas (mente, cuerpo o espíritu) utilice al menos una práctica de cada capítulo para una propuesta

LA ADIVINACIÓN Y LA KINESIOLOGÍA

Adopte los procesos de adivinación para conectarse con su yo interior y seleccione las prácticas chi de este libro que le convengan. Tome un mazo de cartas y seleccione 29. Escriba estos números en el interior de cada carta: 38, 50, 54, 58, 62, 64, 68, 72, 76, 80, 84, 86, 92, 96, 100, 104, 108, 112, 116, 120, 124, 130, 132, 136, 140, 144, 146, 150 y 154. Todos corresponden a páginas de este libro. Mientras mezcla las cartas concéntrese en algo que desee desarrollar en su interior. Elija una carta. Dé vuelta la carta, observe el número y vaya a esa página. Alternativamente, utilice ejercicios de kinesiología (ver páginas 42-43) y trabaje con un/una compañero/a: deje que él/ella coloque las cartas sobre su cuerpo, una por vez y que examine su reacción. Deje que su compañero/a coloque las cartas sobre su frente si desea resolver problemas mentales, sobre su pecho para resolver problemas emocionales, sobre su abdomen para dolencias físicas. Elimine las cartas que provoquen poca o ninguna reacción. Concéntrese en aquellas que evoquen una intensa reacción. Realice las actividades sugeridas en esas páginas.

MEDITAR SOBRE LAS NECESIDADES DE SU CHI

Utilice las siguientes tres tareas de meditación como guía para usar este libro. Las mismas lo ayudarán a delimitar las áreas de su vida sobre las que necesita trabajar. Este proceso de autoevaluación lo alentará a realizar actualizaciones regulares sobre sus ejercicios de meditación, ya que en la medida en que progrese en la vida, sus objetivos y los medios para llegar a ellos también cambiarán.

Medite sobre quién es, qué lo define y realice una lista sobre sus potenciales o las áreas clave dentro de su personalidad que considere capitales.

Medite sobre qué quiere convertirse, hacia dónde desea ir con su vida y qué quiere hacer en el camino. Escriba los puntos esenciales que surjan en su mente.

Coteje sus potenciales con sus objetivos (inmediatos y a largo plazo), concéntrese en las partes que necesita desarrollar para que lo ayuden en el camino. Por ejemplo, "usted es", "usted quiere" y "usted necesita".

más holística. Para aliviar una molestia física puede utilizar acupuntura en el cuerpo, la meditación para concentrarse en su energía chi, y la calibración de los chakras para liberar las emociones negativas.

El proceso mencionado arriba lo ayudará a elegir ciertas actividades determinadas por sus necesidades y rasgos de carácter. Tenga en cuenta que el vínculo más obvio podría no ser el más beneficioso. Por ejemplo, una dolencia física se podría curar con meditación o un revés emocional se podría aliviar con ejercicios físicos. Realice este proceso de autoevaluación para adaptar este libro a sus necesidades: primero, medite sobre qué clase de resultados lo beneficiarían más; segundo, elija un conjunto de actividades, una de cada capítulo, que lo ayuden a lograr estos objetivos. Después de pocas semanas, analice los efectos de estas actividades sobre temas que le preocupen y anote cualquier cambio. Si está realizando progresos, continúe. Si se producen pequeñas mejoras, elija otra combinación de ejercicios de cada uno de los capítulos. Realice estas nuevas prácticas en su vida para lograr un potencial renovado y sin esfuerzos.

APLICAR LA ENERGÍA CHI

El qi gong libera sus movimientos y expande su capacidad para trabajar con la dinámica de la energía chi.

La energía chi sustenta todas las cosas, al aplicar cualquiera de estas prácticas holísticas se producirán resultados en su vida. Más abajo desarrollaré algunas áreas importantes: la vitalidad y la claridad mental; el cuerpo y el alma; las relaciones y el sexo; y describiré qué técnicas específicas de mejoramiento de la energía chi son recomendables y por qué. El shiatsu, la alineación corporal, el tai chi, la moxibustión, el reiki y la calibración de los chakras son técnicas de las cuales se obtienen mejores resultados si se practican con un amigo o un compañero. Si prefiere practicar solo, las técnicas ideales son la limpieza de la piel, los ejercicios de respiración, la meditación y el qi gong. Desarrollaré estos temas con detalles más adelante.

LA VITALIDAD Y LA CLARIDAD MENTAL

La habilidad para absorber la energía chi del mundo exterior define cuánta energía chi, y por lo tanto cuánta vitalidad se tiene. La comida que se consume, la forma de respirar, un descanso reparador, la acupresión, el feng-shui en el hogar, incluso el tipo adecuado de vestimenta son todos muy importantes. Una vez absorbida la energía chi, hay que conservarla a través de una limpieza de la piel, elongación de los meridianos y masajes shiatsu regulares. Para liberar las capas más profundas de energía chi estancadas intente trabajar con los chakras, cantos y meditación.

Cuando el flujo de energía chi es armonioso resulta más fácil alcanzar la claridad mental. Si la energía chi se convierte en turbulenta, los patrones de pensamiento serán confusos. La mayoría de nosotros experimenta esta clase de bloqueo en forma de estrés (tensión). A la inversa, cuando la energía chi se encuentra demasiado dispersa, resulta difícil concentrarse.

EL CUERPO Y EL ALMA

Muchos dolores físicos son provocados por un exceso o una deficiencia de energía chi en un área localizada. Como la energía chi alimenta cada célula viviente, tiene un tremendo poder de curación; las técnicas de respiración junto con ejercicios de visualización positivos cubrirán su cuerpo de energía emocional positiva. El shiatsu, la moxibustión, la acupresión, el tai chi, el chi gong, la limpieza de la piel, la alineación corporal y el reiki ayudan a poner en movimiento lentamente la energía alrededor del cuerpo.

Facilitar el movimiento de la energía chi estimula para liberar los sentimientos dolorosos. Las fijaciones emocionales se producen por aferrarse a determinados sentimientos durante demasiado tiempo. Las emociones intensas, como el enojo, la depresión, los celos, el miedo, la ansiedad y el pánico, pueden afectarlo positivamente instigándolo a realizar cambios drásticos en la energía chi interior, como si fuera una tormenta atravesando la tierra, limpiando el aire y poniendo las cosas en movimiento.

De vez en cuando, estos cataclismos son necesarios. Considérelos como oportunidades para un autoperfeccionamiento.

También puede absorber energía chi beneficiosa de los alimentos que ingiere. Una dieta rica en alimentos sin procesar, como los cereales, las frutas secas, semillas, vegetales frescos y frutas, lo proveerán en forma natural con una adquisición de energía chi más saludable.

LAS RELACIONES Y EL SEXO

La energía se comparte, se proyecta y se recibe en forma constante entre los individuos. Por lo tanto, la interacción social se puede interpretar como el flujo y reflujo de energía chi entre las personas que conduce a la creación de comunidades y sociedades. Si tiene problemas para hacer o mantener amistades, quizá le interese aprender a proyectar su energía chi de manera que exprese su personalidad en forma positiva, y cómo absorber en forma armoniosa la energía de otros. La realización de ejercicios en pareja, practicar tai chi, administrar un shiatsu o realizar reiki son todos métodos que permiten practicar esta clase de interacción.

La compañía entre las personas a menudo desarrolla una energía propia. Aprender cómo fusionar esta energía de manera positiva puede generar relaciones más saludables. Esta energía de relación cambia la forma en que uno piensa, se comporta y siente ante la presencia del compañero. Una vez que las dependencias, los prejuicios y las inseguridades se establecen, son difíciles de eliminar y obstruyen una relación feliz. En algunas oportunidades, esa energía negativa se traslada de una relación a otra y se convierte en un patrón de repetición constante.

El sexo apasionado es un método poderoso para fusionar la energía chi de otra persona con la de uno y da como resultado el intercambio de una parte de energía de ambos campos de la energía personal. Todos sus chakras se activarán y renovarán con nueva energía chi. Para tener una vida sexual más satisfactoria realice masajes, calibración de los chakras a través de vínculos sexuales, elongación de meridianos y aplicando técnicas de feng shui en el dormitorio.

TRABAJAR CON UN COMPAÑERO
Los movimientos del tai chi enseñan a dar y recibir mientras ambos trabajan para obtener un beneficio mutuo basado en la confianza.

EXPLORAR LA
ENERGÍA *Chi*

La energía chi emana de todas las cosas del universo y la habilidad de cada individuo para hacerse de ella sustenta las terapias orientales, como el feng shui, el reiki, el tai chi, el shiatsu, el qi gong, la acupresión y la moxibustión. La comprensión de la esencia y los mecanismos de la energía chi le permitirán regular y manejar esta fuerza universal para adquirir un equilibrio mental, físico y emocional. Todo este capítulo es acerca de descubrir. Aprenda a acrecentar su energía chi interior, sienta el campo de energía de otro, detecte la energía chi que emana del suelo, localice los chakras y póngase en sintonía con los pensamientos y emociones de otra persona. Además, hay una sección especial donde le mostraré cómo dar un masaje shiatsu.

PRINCIPIOS DE LA ENERGÍA CHI

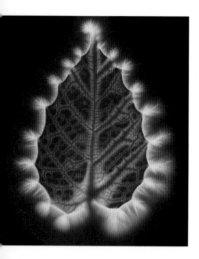

FOTOGRAFÍA KIRLIAN
Esta técnica de imagen eléctrica mide la concentración de fuerza vital (como la energía chi) en los organismos vivos.

Creo que todo en el universo está penetrado e irradia energía chi. En 1937, el científico ruso Semyon Kirlian (1900-1980), inventó un proceso fotográfico que produce un contorno parecido a una aureola alrededor de un objeto, como si fuera una llama de gas multicolor. Creía que este contorno representaba una especie de fuerza de vida (efectivamente, el campo de energía chi del objeto), la cual puede cambiar con sorprendente facilidad. Por ejemplo, dos personas que se están besando apasionadamente producirán un campo de energía muy diferente que cuando están tranquilamente sentados. Este fenómeno también se extiende al mundo de la naturaleza. Se puede sacar una hoja de una planta y, utilizando el método Kirlian, se puede fotografiar el espacio vacío que ocupaba la hoja para ver el contorno de su forma.

Dejando de lado una ideología tan estrecha, la ciencia comenzó a aceptar un mundo con respuestas no establecidas. Los científicos modernos no pueden declarar que algo es "seguro", sólo pueden calcular la probabilidad de que algo suceda. Nuestro mundo no es tan blanco y negro como alguna vez pensamos, y nuestros antepasados tomaron esta inseguridad para desarrollar fluidas filosofías. A medida que se realizan más descubrimientos científicos, algunas de estas teorías, como la energía chi, se muestran muy relevantes.

ENERGÍA CHI PERSONAL

Para mi mente, su energía interior y exterior juntas forman su "aura", una emanación perceptible, como un halo alrededor de su cuerpo que se manifiesta como un brillo de varios colores y refleja las sutiles energías vitales interiores. Ésta es la forma en que usted interactúa en forma intuitiva con el mundo que lo rodea, y al cual se lo suele denominar "sexto sentido".

DIFERENTES TIPOS DE ENERGÍA CHI

La energía chi de su interior y la que lo rodea posee características cambiantes y, por lo tanto, puede influir en su forma de pensar y sentir en momentos y situaciones específicas. La energía chi circundante se encuentra siempre en un estado de flujo, ya que se desplaza del día a la noche a través de las estaciones, y dentro de condiciones climáticas diferentes. Del mismo modo, los latidos del corazón y la respiración afectan la forma en que fluye su energía chi interior. Su energía chi interior y exterior también se influyen mutuamente cuando cumplen sus ciclos.

Comprimida/dispersa

Cuando la energía chi se comprime o queda "atrapada" en algunas partes del cuerpo, las zonas afectadas se sienten tensas. Por ejemplo, puede tener un dolor de cabeza que parece que ésta le va a estallar. Tenemos una tendencia a experimentar una energía comprimida cuando hay alta presión atmosférica o cuando nos sentimos tensionados, enojados e irritables.

Cuando la energía chi está demasiado dispersa, se producen sentimientos de vacío o apatía. Se esforzará por sentirse afectuoso y sentirá debilidad en las piernas. Cuando la energía vital se disipa, se puede sentir deprimido, emocionalmente vacío y agotado. Las personas con energía chi dispersa tienen niveles de energía chi más bajos y por lo tanto buscan la energía de los demás.

Rápida y turbulenta/lenta y estancada

La energía chi se puede mover rápidamente, y emocionalmente se puede sentir como si se estuviera atrapado en medio de una tormenta eléctrica. Será más fácil superarlo si puede superar el movimiento de la energía chi y "alejar" la energía emocional negativa. Sin embargo, el exceso de energía chi con flujo rápido dificulta sentirse interiormente asentado.

Cuando la energía chi se mueve lentamente, es más fácil sentirse tranquilo con un estado interior más conductivo a las actividades como la meditación y el autoanálisis. Sin embargo, si la energía chi se mueve muy lentamente, se estancará y dificultará el deshacerse de sentimientos de dilación. También puede quedarse estancado en un bache si disminuye su conexión con el mundo que lo rodea.

Ascendente/descendente

La energía chi asciende con mayor intensidad a través del cuerpo a la mañana y en especial durante la primavera. Esto ayuda a sentirse entusiasta y seguro. Pero si es demasiado, se convierte en palabras y no acciones.

Los niveles de energía chi tienden a descender a la tarde y durante el otoño. Esto ayuda a mantenerse asentado, práctico y conectado con la tierra, ya que la energía chi es atraída por la tierra. Un exceso podría convertirlo en menos aventurero.

Proyectada, radiante y exterior/apartada, oculta e interior

En momentos de intensas emociones o cuando se pierde la cabeza, la energía chi interior se irradia hacia el exterior para proyectar lo que se siente. Sin embargo, un exceso puede mostrarlo como arrogante y despótico.

Cuando quiera generar fuerza y concentración interior, atraiga la energía chi hacia su interior para sentir un poder más profundo. Si se realiza en exceso, se corre el riesgo de aislarse del mundo y de las energías circundantes que lo mantienen en equilibrio.

TERAPIAS DE LA ENERGÍA CHI

EL CHAKRA DE LA CORONILLA (SAHASRARA)

EL CHAKRA DEL ENTRECEJO (AJNA)

EL CHAKRA DE LA GARGANTA (VISHUDDHA)

EL CHAKRA DEL CORAZÓN (ANHATHA)

EL CHAKRA DEL ESTÓMAGO (MANIPURA)

EL CHAKRA DEL ABDOMEN (MULADHARA)

EL CHAKRA DEL SEXO (SVADHISTHANA)

A través de los miles de años en que el concepto de la energía chi ha sido utilizado en Oriente, se han desarrollado diferentes terapias. Aunque la energía chi se denomina de manera diferente de acuerdo con el origen de la práctica, todas estas propuestas terapéuticas orientales están sustentadas por la misma idea. Los métodos y disciplinas que introduciré representan caminos bien establecidos de manejar y controlar su energía chi. Algunos, como el tai chi, el qi gong, los trabajos de respiración, la meditación, y el feng shui, pueden realizarse solo; otros, como el shiatsu, el reiki y la alineación corporal, requieren un compañero.

EL YOGA Y LA CALIBRACIÓN DE LOS CHAKRAS

El yoga, originario de la India, es una de las prácticas físicas y mentales para lograr bienestar más antiguas y mejor conocidas. Coordina las técnicas de respiración, movimiento y meditación para canalizar poderosamente la energía chi. La calibración de los siete centros de energía del cuerpo (los chakras) es fundamental para la práctica. Desde el Chakra de la Coronilla en la parte superior de la cabeza, que se puede cargar de energía desde el firmamento, hasta el Chakra del Sexo, diseñado para recibir energía de la tierra; la energía chi necesita estar en equilibrio a lo largo de este "sendero". Antiguamente, los yoguis creían que podían cambiar el flujo direccional de la energía chi de sus chakras invirtiendo la postura de sus cuerpos. En consecuencia, desarrollaron secuencias de elongaciones y posturas coporales (o asanas) que aumentaban la elasticidad y flexibilidad en distintas partes, lo cual era importante para mejorar la salud física, incrementando el flujo de energía irrestricto. Estas elongaciones y posturas son muy efectivas cuando se combinan con técnicas correctas de respiración y meditación. Todas garantizan una mayor claridad mental al activar el libre flujo de energía chi a través de los canales del cuerpo.

EL SENDERO DE ENERGÍA DE LOS CHAKRAS
De pie o sentado con los chakras alineados en forma vertical se facilita el flujo de energía chi a través de ellos. Utilice un espejo para encontrar la mejor postura.

¿CUALQUIERA PUEDE HACERLO?

Todos poseemos energía chi y el potencial para curarse o curar a otros. No existe un monopolio o acceso exclusivo a esta fuerza vital. El intercambio de energía chi con su practicante durante una sesión de terapia será como tener una buena conversación con un amigo comprensivo en lugar de pagarle a un completo extraño entrenado y calificado en una disciplina que se busca para beneficiarse. Actualmente, lo que es un intercambio natural entre dos personas se presenta como algo complicado y costoso que requiere años de entrenamiento. Esto se debe en parte a las presiones gubernamentales sobre los practicantes que tienen certificados propios, para brindar algún tipo de protección a los miembros no uniformados del público, y en parte para crear otro negocio entrenando gente.

Quizá después de experimentar con algunos de los métodos de autoayuda presentados en este libro requiera la ayuda de alguien más experimentado. En mi opinión, debería buscar ayuda profesional si tiene un problema serio. Todas estas propuestas son relativamente bien conocidas en Occidente, de modo que le resultará fácil encontrar un practicante a través de Internet, la guía telefónica o una sociedad acreditada. Si desea verificar las credenciales, averigüe si es miembro de alguna organización profesional, con certificado de entrenamiento confiable y ofrezca garantías. Como los cambios intensos de su energía chi requieren confianza, es importante reunirse con el practicante para ver si se siente cómodo en su presencia, y ambos están dispuestos a realizar el tratamiento.

Todas las terapias de este libro tienen un costo muy bajo o ninguno y, en algunos casos, requieren poco entrenamiento. Mis técnicas son simples, seguras y están pensadas para que las integre en su rutina diaria como parte de un estilo de vida más saludable y natural. No se desanime con los temas más complejos, como la acupresión, el shiatsu o el feng shui, ya que siempre existen aspectos más simples que cualquiera puede intentar por sí mismo o con un compañero.

ACUPRESIÓN

La acupresión es un arte de curación antiguo desarrollado en Asia hace más de 5.000 años; los acupunturistas utilizan los dedos y los pulgares, o practican la moxibustión (una forma de terapia con calor que quema palitos comprimidos de la hierba moxa), para estimular puntos clave en la superficie de la piel del paciente. El toque sanador de la acupresión ayuda a las habilidades de autocuración del cuerpo, alivia el dolor, reduce la tensión, estimula la relajación, reequilibra el cuerpo y mantiene una buena salud.

Al igual que la acupuntura, la acupresión está basada en la idea de que, como la energía fluye a través de varios meridianos corporales, de los cuales existen catorce, la calidad de la energía chi y su alcance se pueden cambiar presionando los puntos clave llamados "tsubos" para calmar o estimular la energía interior de todo un meridiano.

La acupuntura y la acupresión utilizan los mismos puntos, pero la acupuntura emplea agujas, mientras que en la acupresión se utiliza los pulgares u otras partes de su cuerpo. Esto hace que la acupresión sea de alguna manera más personal e íntima. Cada punto de acupresión devolverá información sobre el estado de la energía chi del receptor y ayudará a dar forma al tratamiento.

SHIATSU

En este, el más conocido estilo de acupresión, el practicante utiliza su propio cuerpo para percibir o calmar la energía chi en el interior de un paciente a través de una combinación de elongaciones, técnicas de masaje, manejo de articulaciones, golpes, frotación y la estimulación de los puntos

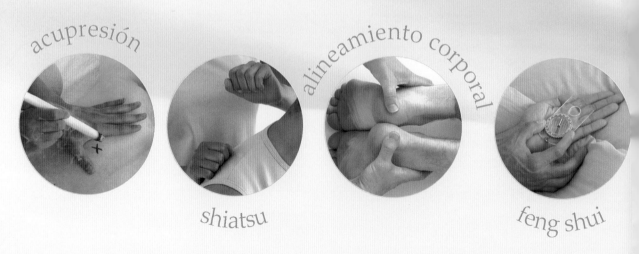

acupresión

shiatsu

alineamiento corporal

feng shui

de acupresión. El shiatsu es una forma de tratamiento muy personalizada, el practicante trabaja muy cerca del paciente para identificar las limitaciones como receptor durante el tratamiento. Es muy flexible, en cuanto a los términos de las técnicas utilizadas y a las zonas con problemas que se tratan.

Las técnicas se pueden adaptar para que sean más apacibles mediante la incorporación de los principios del reiki, o que sean muy vigorosas.

Cuando recibe shiatsu, el paciente descansa sobre un colchón relleno de algodón (el relleno de algodón suelto funciona mejor). Para un shiatsu parcial se utiliza un banquillo o una silla. También es posible aplicar algunos aspectos del shiatsu, conocidos como "do in", sobre uno mismo.

ALINEACIÓN CORPORAL

El deterioro de la vida diaria provoca tensiones en algunas partes del cuerpo. A través del tiempo, esta presión puede ocasionar una desalineación del cuerpo, aumentando las tensiones y esfuerzos de los músculos que tratan de compensar esta variación. La alineación corporal representa una simple forma de corregir la postura del cuerpo. Mientras el paciente se acuesta sobre el piso, un experto entrenado comprueba si los puntos de referencia, como las muñecas y los tobillos, se encuentran alineados correctamente. Cuando se encuentra un desequilibrio, se aplica una suave presión en puntos específicos, lo cual provoca ondas expansivas de energía chi. Y así se alivia la tensión del lado del cuerpo que se está tratando. Es importante asegurarse de que el paciente esté correctamente ubicado antes de comenzar un trabajo más profundo sobre su energía chi. A menudo, la alineación corporal provoca cambios en los patrones de respiración e incluso puede precipitar un espasmo muscular liberador.

FENG SHUI

El arte chino de la geomancia evoluciona y crea la atmósfera más armoniosa y equilibrada posible para permitirle desarrollar todo su potencial y obtener éxito en su vida. Su esencia está basada en la idea acerca de cómo la energía circundante interactúa con su energía chi personal para cambiar su forma de pensar y de sentir.

La práctica del feng shui se basa en la creencia de que la mayor concentración de energía chi se absorbe a través de la espiral que se encuentra en la parte superior de la cabeza (el Chakra de la Coronilla). La dirección que enfrente durante el sueño nocturno infuirá de manera significativa sobre el campo de energía chi de la mañana, ya que se absorberá una mayor concentración de esta energía de aquella dirección. Por ejemplo, dormir con la parte superior de la cabeza hacia el este ayuda a absorber más cantidad de esta energía vigorizante de la mañana y de la época primaveral. El mismo principio se aplica a la dirección que se enfrenta cuando se está sentado.

Permanecer en una atmósfera con las vibraciones "correctas" ayuda a mantener una buena salud, restablece el equilibrio emocional y mantiene elevados niveles de energía. Es posible cambiar la calidad y el flujo de la energía chi que se mueve a través de su espacio vital utilizando colores, materiales y formas para influir sobre ella.

Gran parte de la buena armonización en el feng shui se logra colocando elementos que se encuentran en el cuerpo (por ejemplo, agua, sal y hierro) en lugares estratégicos dentro de la vivienda o el lugar de trabajo. Los consejos sobre feng shui son seguros y fáciles de aplicar. Sin embargo, si desea tratar un problema específico, debería consultar con un experto en feng shui.

T'AI CHI

La disciplina marcial enseña cómo utilizar la fuerza del oponente en beneficio propio. Un maestro de tai chi es capaz de elevar a alguien con un contacto físico mínimo mediante el manejo de la energía chi de su adversario. Teniendo en cuenta la forma más elevada de autodefensa, lleva un tiempo más prolongado alcanzar un nivel de habilidad en tai chi que en cualquier otro arte marcial.

El arte del tai chi tiene dos principios fundamentales. Primero, el dominio de una secuencia de movimientos que estimula un flujo más armonioso de energía chi a través de su cuerpo. Para lograr esto debe incrementar el flujo de energía chi entre sus manos y la del suelo. Luego, utilizar su energía chi para interactuar con la de otra persona y adquirir un conocimiento de su energía chi para luego utilizar en beneficio propio.

QI GONG

El qi gong, similar al tai chi, es una propuesta china para construir y equilibrar el flujo de la energía chi a través de ejercicios físicos, meditación interior y concentración. Ayuda al cuerpo a crear sus propias respuestas musculares subconscientes para curarse, tener bienestar, adecuación y longevidad. El qi gong entrena la mente para dirigir el movimiento hacia aquellas partes del cuerpo en las que la energía chi se encuentra atrapada o estancada y la libera. Al principio le resultará más fácil trabajar con un

tai chi

reiki

qi gong

maestro, que lo pueda relajar y abrir su campo de energía chi exterior: el punto de partida para comenzar a trabajar sobre los movimientos. Estos elongamientos y las posturas mímicas se producen en la naturaleza y utiliza el principio de chino de los Cinco Elementos (agua, madera, fuego, tierra y metal) para reparar los desequilibrios físicos o emocionales.

REIKI

A menudo, los bloqueos de la energía chi se encuentran en la raíz del dolor físico, cuando se levantan puede ingresar más energía a las zonas con deficiencia de energía chi y se restablece el equilibrio emocional. El reiki, originalmente desarrollado en Japón, utiliza las manos como herramientas de curación. El practicante de reiki coloca las manos sobre distintas partes del cuerpo de otro y las mantiene en posición hasta que las palmas comienzan a calentarse, una señal de que la energía chi está siendo efectivamente redireccionada en el receptor. Este proceso equilibra y mejora el flujo de energía chi de ambos, el que da y el que recibe.

El entrenamiento para el reiki demanda al dador un proceso de purificación para asegurarse de que brindará al receptor una energía chi saludable. Puede practicar reiki con un amigo regularmente ya que no requiere mucho tiempo y es muy simple de realizar. Personalmente, incorporo el reiki en otros tratamientos de curación para lograr conexiones más poderosas con la energía chi de mis pacientes. Al terminar una sesión, mis clientes dicen que continúan sintiendo la presencia de mis manos durante algún tiempo.

HERRAMIENTAS DE LA ENERGÍA CHI

Para mí una buena salud significa equilibrar los componentes del mundo interno (cuerpo, mente y emociones) con los del ambiente circundante. El flujo de la energía chi es bidireccional; se puede cambiar desde el interior y el exterior.

DESDE EL INTERIOR

RESPIRACIÓN

Con cada inhalación ingresa energía chi pura y con cada exhalación sale energía chi desgastada. La respiración constituye la forma principal de interactuar con la energía chi que lo rodea y es uno de los ritmos naturales del cuerpo. La forma de respirar define la calidad de la interacción con esta energía circundante. Si no se respira bien, se corre el riesgo de sufrir depresión y letargo.

MEDITACIÓN VISUALIZACIÓN

Este antiguo método de relajación aquieta la mente al concentrarse en una sola palabra, frase u objeto. Incrementa el desrrollo mental y espiritual, estimula la contemplación y enseña cómo encausar la energía chi interior para calmar la turbulencia emocional, eleva la conciencia espiritual y desarrolla los poderes de concentración. La visualización es lo mismo, excepto que la concentración se realiza en una imagen interior.

INFUSIONES

Durante miles de años, el método de beber té se ha utilizado para curar y desintoxicar (ver páginas 64-65). Esto lleva tipos específicos de energía chi a lo profundo del cuerpo. Los líquidos calientes contienen mucha más energía y se irradian al exterior rápidamente produciendo un efecto mucho más intenso que los líquidos fríos.

ALIMENTOS

Entre todas las formas en que la energía chi puede ingresar al cuerpo, la ingesta de alimentos es la que más se puede controlar para observar con qué clase de energía chi están asociados los distintos ingredientes (ver páginas 56-63). Por ejemplo, el salmón silvestre que nadó corriente arriba tendrá una concentración de energía chi rápida y determinada mucho más elevada que el calamar, que flota en aguas más cálidas y tranquilas.

CHAKRAS

Localice estos siete centros de energía suspendiendo un anillo de metal colgado en la punta de un hilo sobre el cuerpo de una persona (ver páginas 44-45). Una vez que detecte la actividad espiralada de la energía chi de un chakra, el anillo comenzará a girar. Utilice cantos, curación con las palmas, respiración y meditación para mejorar la forma en que la energía chi fluye y se irradia de los chakras.

DESDE EL EXTERIOR

ACUPRESIÓN

Este sistema de curación similar al shiatsu, se concentra en utilizar los 360 puntos de acupresión marcados a lo largo de los 14 meridianos (ver páginas 70-73) para tratar el dolor y las molestias. Cada tsubo o punto de presión representa una puerta de entrada a los meridianos del individuo. Estos puntos se pueden utilizar para tratar dolencias comunes a través de sus síntomas o como un medio de elevar los niveles de energía chi.

MOXIBUSTIÓN

En la medicina china tradicional, la artemisa (hierba) se administra como una preparación moxa y se aplica como bastones o parches (ver páginas 98-99) para calentar los puntos de acupresión elegidos. Este proceso de combustión controlada (ya que la moxa no se quema sino que arde sin llama) brinda mayor energía a los meridianos a través de los tsubos, y a menudo se utiliza junto con el shiatsu. También resulta efectiva para aumentar la energía chi en un meridiano y combatir la frialdad o la falta de energía.

LIMPIEZA DE LA PIEL

Utilice una toalla para obtener un flujo renovado de energía chi en la piel mediante la estimulación de la circulación sanguínea (ver páginas 110-113). Esta acción desencadena la liberación de toxinas a través de los poros que limpia y regenera las cuatro capas de la piel (la capa de queratina, la epidermis, la dermis y el tejido subcutáneo). Si no se utilizan jabones químicos y detergentes en la limpieza de la piel, se logra el tratamiento de belleza perfecto que evita el desequilibrio del delicado pH de la piel.

MEDIO AMBIENTE

La energía chi beneficiosa también se puede absorber a través de su medio ambiente. Todo lo que hay que hacer es colocarse en situaciones donde la energía chi satisfaga sus necesidades. Por ejemplo, sentarse solo en una gran catedral genera una energía de pensamiento libre, mientras que sentarse en un café pequeño y lleno de gente puede ayudarlo a sentirse más práctico. Trate de rodearse de gente, lugares y objetos que le brinden la clase de energía chi que sienta que le falta, que necesita más o simplemente que le agrada.

GENTE

Aquellos que lo rodean proyectan de manera inevitable sus campos de energía chi al mundo. Si se encuentra cerca de los demás, sus energías interactuarán e impactarán sobre su energía chi interior. Si ésta se encuentra baja, se beneficiará al estar cerca de alguien vivaz y bullicioso. En momentos de grandes dificultades emocionales se sentirá mejor en contacto con alguien que tenga energía chi positiva y tranquilizadora.

ENERGIZANTES INTERNOS

Descubrí que estos energizantes internos de la energía chi liberan el flujo desde el interior: la respiración es un proceso de intercambio de energía; la meditación y la visualización vigorizan a través de imágenes mentales; una vez ingeridos, las infusiones y los alimentos se convierten en parte de la composición del cuerpo; todos estos actúan sobre su cuerpo cambiando la energía chi desde el interior.

RESPIRACIÓN

Cierre los ojos mientras realiza esta técnicas de relajación mediante la respiración. Concéntrese en inhalar por la nariz y exhalar por la boca.

Respiración profunda. Siéntese o arrodíllese y coloque las manos sobre el ombligo. Inhale y expanda la cavidad abdominal de manera que eleve su mano. Exhale. Una vez que se sienta cómodo respirando con la zona abdominal, continúe llenando el pecho. Exhale todo el aire del cuerpo en forma enérgica hasta que encuentre un ritmo cómodo.

Respiración energizante. Respire rápida y profundamente durante dos segundos, contenga la respiración durante un segundo y exhale con energía durante un segundo. Emita el sonido "uhhhh" cuando exhale. Repita varias veces hasta que se sienta energizado. Quizá se sienta un poco mareado después de algunas respiraciones, así que siéntese en una silla o arrodíllese en el piso. Deténgase si se siente aturdido.

Respiración calmante. Inhale lentamente durante seis segundos. Contenga la respiración durante cuatro segundos. Exhale lentamente durante seis segundos.

MEDITACIÓN – VISUALIZACIÓN

Busque un lugar limpio y tranquilo donde pueda sentarse en silencio, donde no lo interrumpan. Coloque una vela encendida delante suyo como punto de contemplación. Fije la vista en ella y concentre toda su atención en la sensación de cada respiración mientras entra y sale de su cuerpo a través de la nariz, la boca, la garganta y los pulmones. Una vez que su mente esté completamente concentrada sólo en el ritmo de su respiración, comience a llevar sus pensamientos a cualquier otro lugar.

Comience realizando un ejercicio de respiración lento y tranquilizador. En cada inhalación imagine que está ingresando energía de todo lo que lo rodea. Visualice la respiración en un color, sonido o sentimiento particular, y concéntrese en una parte específica de su cuerpo. Imagínela del color del matiz que logró con el ojo de la mente. Con cada inhalación contenga la respiración llenando una pequeña parte de la habitación al principio, y gradualmente expándala para abarcar el universo.

Las infusiones son reconocidas como remedios naturales, de rápida acción, para cualquier cosa, desde problemas digestivos hasta dolores de cabeza. Los líquidos calientes se absorben rápidamente en el torrente sanguíneo y tienen un efecto sedante en el sistema digestivo. Como el agua es el principal ingrediente de las infusiones, y nuestros cuerpos están compuestos en gran parte por agua, la energía de la infusión interactúa rápida y directamente con la energía chi del agua de nuestro interior. Por esta razón, las infusiones pueden impactar sobre la salud a largo plazo y ejercer una rápida influencia en nuestras emociones. Aunque existe una amplia variedad de infusiones de hierbas en los comercios de alimentos para la salud y en los supermercados, su energía chi se beneficiará más de una mezcla personalizada que de un producto que ha sido comercialmente empaquetado.

Antes de preparar una mezcla tenga en cuenta qué clase de movimiento de energía chi lo ayudaría más. Por ejemplo, si tiene un intenso dolor de cabeza en la parte frontal sería conveniente preparar una infusión con ingredientes que lo ayudarán a alejar el flujo de energía chi de las sienes. A la inversa, si está temblando o siente frío y cansancio, debería optar por ingredientes que lo ayuden a tomar y retener energía.

Además de seguir una dieta nutritiva y bien equilibrada, hay que tener en cuenta la clase de energía chi que contienen los distintos tipos de alimentos. Todo lo que comemos tiene su propio campo de energía chi el cual, una vez en el interior, ejercerá una sutil influencia en nuestra energía chi interior. Si continúa comiendo el mismo tipo de alimentos durante un período prolongado, esto producirá un pronunciado efecto en la constitución de su energía chi. Los cereales integrales, verduras, frutas, frutas secas y semillas son alimentos más "neutrales" y facilitan la medición de las fluctuaciones de su energía chi.

Para saber más sobre la energía chi en los alimentos, piense en los diferentes crecimientos de las cosas. Las verduras de raíz (como las zanahorias, cebollas, papas) necesitan fuerza para crecer en lo profundo de la tierra, mientras que las verduras que crecen sobre el suelo (como la calabaza o los zapallitos) tienen una energía más relajada. También tenga en cuenta el modo de preparación de los diferentes alimentos. Freír alimentos sobre una llama intensa incorporará grandes cantidades de energía vehemente a los ingredientes, mientras que estofar lentamente un plato le impartirá una clase de energía chi más lenta.

Estas zonas de intensa actividad de energía chi están ubicadas en la parte superior de la cabeza (el Chakra de la Coronilla); entre las cejas (el Chakra del Entrecejo); en la garganta (el Chakra de la Garganta); en el centro del pecho (el Chakra del Corazón); en el plexo solar (el Chakra del Estómago); dos dedos abajo del ombligo (el Chakra Abdominal o hara); y en la zona genital (el Chakra del Sexo). Cada chakra se relaciona con diferentes emciones y aspectos de la naturaleza humana. El Chakra de la Coronilla procesa la energía conectada con la espiritualidad; el Chakra del Entrecejo controla el intelecto; el Chakra de la Garganta se concentra en la comunicación; el Chakra del Corazón dirige las emociones; el Chakra del Plexo Solar guía la ambición, la motivación y el impulso; el Chakra Abdominal está ligado a los niveles de vitalidad; el Chakra del Sexo domina la sexualidad.

Utilice las manos para transmitir energía y aumentar el flujo de la energía chi en el interior de cada chakra. Alternativamente, use técnicas de canto y respiración para enviar ondas de energía chi hacia chakras específicos, o canalice energía hacia cada uno a través de la meditación.

ENERGIZANTES EXTERNOS

En mi experiencia, ciertas acciones o influencias externas estimulan el flujo de energía chi a través de la piel; la acupresión moviliza esta energía a través de los puntos de presión; la moxibustión introduce calor y estimula la circulación; la limpieza lleva sangre a la superficie del cuerpo y renueva la energía chi estancada; incluso el medio ambiente y las demás personas pueden afectar la calidad de su energía chi interna.

ACUPRESIÓN

Usted puede comprar cartas anatómicas especializadas que muestran los diminutos puntos de presión de entrada a los grandes meridianos de energía chi del cuerpo. También se pueden obtener figuras naturales, con códigos en color, con los puntos de acupresión y los meridianos marcados. Tanto las cartas como las figuras vienen con indicaciones para encontrar y activar diferentes tsubos. Este libro presenta aquellos puntos de acupresión que resultan útiles para tratar dolencias comunes y son fáciles de localizar.

Para realizar acupresión en algún punto en especial, respire profundamente e imagine que está aspirando energía chi hacia el límite de su campo de energía. Presione el pulgar en el tsubo mientras exhala e imagine que está canalizando interiormente energía chi. Repita esta técnica varias veces antes de pasar a otro punto, algunos tsubos se pueden estimular simplemente frotándolos.

MOXIBUSTIÓN

Otro método de trabajar sobre los puntos de acupresión es calentarlos utilizando varillas de moxa (varillas similares a cigarros preparadas con artemisa), o con parches autadhesivos. Para usar un parche retire el papel de la parte trasera y pegue sobre el punto apropiado. Cuando la hierba se queme, sentirá que la calidez se extiende en la zona elegida. Si el calor es muy intenso, retire el parche de inmediato.
 Para usar una varilla de moxa primero localice dónde desea agregar más energía chi en forma de calor. Encienda un extremo y pásela en forma circular sobre el punto de acupresión (o la zona deseada), sosteniendo la varilla sobre su piel para no quemarse.

Cuando el nivel de calor comience a ser incómodo, aleje la varilla hasta que la sensación diminuya y luego continúe. Si la piel se enrojece, es una señal de que el tratamiento está completo. Tenga un recipiente con agua para colocar las varillas una vez finalizada la sesión.

En la medicina oriental, la piel se considera como la textura que nos define interna y externamente. Antes de que el aire que inhala pueda convertirse en parte de usted mismo debe pasar la primera barrera del cuerpo: el revestimiento de los pulmones. De manera similar, el alimento sólo ingresa después de haber pasado a través del revestimiento de los intestinos. Por lo tanto, si desea mejorar las condiciones de los pulmones o de los intestinos, también puede trabajar sobre la piel del exterior.

La limpieza de la piel lleva sangre a la superficie, estimula un renovado flujo de energía chi, regula el metabolismo y crea un vínculo más intenso entre su energía chi interior y exterior.

Al estimular la piel de este modo distribuye la energía chi de manera más uniforme. Frote su piel a la mañana para sentirse refrescado y activo; hágalo antes de acostarse para relajarse y dormir mejor. Frotar la piel con agua caliente abre los poros y limpia obstrucciones de suciedad. Esta antigua práctica es natural y evita la alteración del delicado equilibrio del pH con el uso de detergentes.

Dondequiera que haya nacido, cualquiera sea el país en el que viva o trabaje, cualquiera sea el destino que elija para sus vacaciones, no puede evitar tomar algo de la concentración de energía chi de ese ambiente.

Cuanto más tiempo pase en un lugar mayor "influencia" tendrá, así que los lugares donde vive y trabaja ejercen una gran influencia. Sin embargo, dicho esto, también puede encontrar y visitar lugares inspiradores, los cuales le brindan tipos especiales de energía chi en determinados momentos, y no tiene que vivir en grandes ciudades para encontrarlos.

Lugares como el Partenón en Roma, el Museo Frick en Nueva York, o una cabaña junto a un río son adecuados para mí. Cuando la vida se presente difícil, vaya a su "escondite secreto" para cambiar la perspectiva y renovar su energía chi.

En el mundo exterior, todos los individuos proyectan su campo de energía chi. Cuando estas energías se combinan con la suya, comienzan a producirse pequeños cambios. Como estas fusiones pueden desencadenar reacciones positivas o negativas que nos afectan, es importante rodearnos de gente especial y ser esa persona especial en la vida de los demás.

Todos necesitamos de buenas personas que se nos acerquen y cambien nuestra forma de pensar y de sentir cuando las cosas van mal. A veces, sentarse junto a alguien es suficiente. No siempre es necesario decir algo.

Si no se siente cómodo con un contacto físico en momentos emotivos, dar un masaje ayuda a romper el hielo. Cuando se sienta abatido busque a alguien en quien pueda confiar, alguien con quien se sienta bien y cómodo para intercambiar energía chi.

ACRECENTAMIENTO DE LA ENERGÍA CHI INTERIOR

MEDITACIÓN
VISUALIZACIÓN

El poder encontrar y dirigir su energía chi brinda una maravillosa sensación y un nuevo sentido del poder. La forma más simple de entrar en contacto y proyectar la energía chi es a través de las manos aunque con la práctica podrá utilizar cualquier parte del cuerpo. Mi sugerencia es que busque un lugar tranquilo, donde no haya equipos eléctricos, bullicio, ni materiales sintéticos. Idealmente, este lugar debería ser razonablemente espacioso e incluso exterior. Use ropa de algodón suelta para que su cuerpo no se vea restringido en sus movimientos y elija un momento del día en que no lo interrumpan para nada. Para lograr resultados óptimos realice estos ejercicios al amanecer, de pie y descalzo, al aire donde pueda tomar energía chi pura de la atmósfera.

GENERAR ENERGÍA CHI

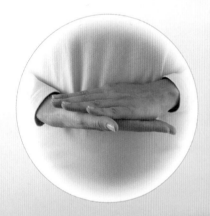

1 Frote vigorosamente las palmas, el revés y los costados de las manos. Golpee el lado de afuera de la parte superior de los brazos. Adelante el pie derecho. Inhale. En la exhalación estire las manos hacia arriba. Retroceda. Baje los brazos. Adelante el pie izquierdo. Repita tres veces. Sacuda las manos con energía manteniendo los dedos y las muñecas relajadas.

2 Sostenga la base del pulgar derecho con el pulgar derecho y el dedo índice. Realice un masaje a lo largo de la uña y hacia abajo. Presione ambos lados de la base de la uña mientras inhala. Cuando exhale, separe rápidamente el pulgar y el dedo índice. Visualice la extensión de los bordes de una llama multicolor alrededor del pulgar. Repita con todos los dedos.

CAMINOS PARA ENCONTRAR LA ENERGÍA CHI

En mi opinión, existen varios caminos para tratar de encontrar e incrementar la absorción de energía chi en su vida. Realice un esfuerzo para comer alimentos que contengan energía chi "vital", como frutas frescas, verduras, granos, frutas secas y semillas. Cuando sea posible, use ropas de algodón u otras fibras naturales. Mantenga los equipos eléctricos a una distancia segura cuando duerme, trabaja o se relaja. Elija ropa de cama de puro algodón, y asegúrese de que en su hogar haya la mayor cantidad de materiales naturales. Realice elongaciones de los meridianos semanalmente en un lugar bien ventilado. Practique tai chi, qi gong o yoga con regularidad. Purifique su piel regularmente. Realice los ejercicios de meditación que recomiendo abajo diariamente.

3 Coloque las manos juntas frente al pecho o el cuello. Cada vez que inhale imagine que está llevando profundamente un color, una sensación o un sonido poderoso a alguna parte del cuerpo (por ejemplo, el abdomen), como por ejemplo un intenso calor rojo o el rugido de un león. Cada vez que exhale imagine que el mismo color, sensación o sonido llega a sus manos. Repita doce veces.

■ CONSEJOS DE SIMON

Para sentir la energía chi en las manos o entre ellas hay que ser capaz de detectar una leve sensación magnética o de calidez. Una práctica regular incrementa la sensibilidad y podrá percibir la presencia de la energía chi.

4 Frote las palmas con vigor. Acerque y aleje lentamente las manos. Sienta cómo las manos se entibian cuando las acerca; y sienta que el campo de energía chi cálido se rompe cuando aleja las manos. Comience en forma lenta y hágalo gradualmente más rápido. Utilice distancias cortas y luego cada vez más largas. Cierre los ojos. Concéntrese en la sensación magnética o cálida que se produce entre sus manos.

SENTIR LA ENERGÍA CHI DEL OTRO

GENTE

Según mi experiencia, se puede mejorar una buena relación con los demás desarrollando la habilidad para sentir e interpretar la energía chi de los demás. Cuanto mejor lo haga menor será el esfuerzo que deba hacer para conectarse con otras personas. Creo que al convertirse en más sensible a las fuentes de energía chi exteriores aumentan las posibilidades de tener una lectura apropiada de las personas, relaciones saludables y de evitar las que no lo son. Esta conexión es muy beneficiosa con personas cercanas como amantes o familiares. Comience las técnicas de abajo con los ejercicios de generación de energía chi de las páginas 32-33.

DE PIE

1 Realice este ejercicio en una habitación en la que ambos se puedan desplazar con libertad. Pídale a su compañero que se coloque de espaldas a usted. Retroceda 3-4 pasos. Extienda los brazos, con las palmas hacia la espalda de su compañero y adelántese. Pídale que le indique cuando comience a sentir algo.

2 Desplace las manos lentamente acercándolas y alejándolas de su compañero. Detecte si existe energía presente entre sus manos y la espalda de su compañero acercándose para verificar si esta leve sensación magnética se fortalece. Si no puede sentir nada, acérquese un poco más, casi tocando la espalda para lograr una conexión más intensa. Realice esto lo más silenciosamente posible.

3 Cuando le toque el turno a su compañero de tratar de lograr un contacto con usted desde atrás, trate de relajarse. Concéntrese en la respiración mientras pone su mente en blanco, pensando sólo en la espalda y cómo la siente. Con un poco de práctica puede aprender a acercar y alejar a su compañero sin tener contacto físico.

ACOSTADO

1 Pídale a su compañero que se acueste boca arriba sobre el piso, una toalla, almohadones o una cama firme. Elija un lugar tranquilo y sin distracciones.

2 Asegúrese de estar tranquilo y relajado antes de comenzar. Arrodíllese o siéntese cerca de su compañero. Elija qué mano va a utlizar. Apoye la otra sobre el regazo.

3 Pase la mano sobre la espalda de su compañero para detectar los puntos que emitan más calor (zonas con exceso de energía chi). Aquellas que se sientan frías indican una deficiencia de energía chi. Suspenda la mano y exhale energía chi sobre estas zonas. Una vez que la palma se caliente, levante y baje la mano sobre la espalda de su compañero para verificar la extracción magnética de energía chi. Mida la fuerza y alcance del campo de energía de su compañero viendo cuánto puede elevar la mano antes de perder el contacto. Eventualmente, aleje la mano.

4 Cuando llegue el turno de su compañero sienta la ubicación de la mano y registre las zonas de calor. Trate de detectar cuando aleja la mano.

SENTADOS ESPALDA CON ESPALDA

Siéntense tocándose las espaldas, pero sin apoyarse uno contra el otro. Sienta las zonas más frías y más cálidas de la espalda. Conéctese con la respiración de su compañero y el estado de la espalda.

SENTIR LA ENERGÍA CHI DESDE EL SUELO

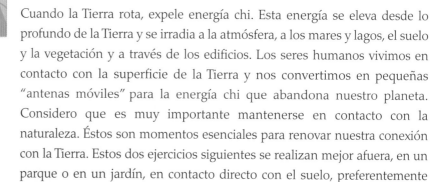

MEDIO AMBIENTE

Cuando la Tierra rota, expele energía chi. Esta energía se eleva desde lo profundo de la Tierra y se irradia a la atmósfera, a los mares y lagos, el suelo y la vegetación y a través de los edificios. Los seres humanos vivimos en contacto con la superficie de la Tierra y nos convertimos en pequeñas "antenas móviles" para la energía chi que abandona nuestro planeta. Considero que es muy importante mantenerse en contacto con la naturaleza. Éstos son momentos esenciales para renovar nuestra conexión con la Tierra. Estos dos ejercicios siguientes se realizan mejor afuera, en un parque o en un jardín, en contacto directo con el suelo, preferentemente descalzo.

CON LAS MANOS

1 Comience realizando los ejercicios de generación de energía chi de las páginas 32-33. Separe los pies hasta cubrir la distancia que hay entre sus hombros. Separe los dedos de los pies. Relaje los hombros y deje que los brazos caigan a los costados del cuerpo.

2 Doble un poco las rodillas mientras levanta los antebrazos como si tuviera un hilo atado en las muñecas. Mantenga las manos relajadas. Elévelas, enderece un poco las rodillas e inhale lentamente. Concéntrese en sentir la energía chi entre sus manos y el suelo como una atracción mangética entre sus palmas y la Tierra.

3 Cuando exhale lleve gradualmente las manos hacia los costados del cuerpo mientras endereza las rodillas. Cuando baje las manos flexione las muñecas para que las manos queden paralelas al suelo.

CON LOS PIES

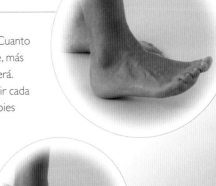

1 Con el pie izquierdo apoyado con firmeza sobre el suelo, mueva lentamente el pie derecho hacia delante y deje caer el talón hasta que tome contacto con la tierra. Concéntrese en las plantas de los pies. Pregúntese acerca de su contacto inicial con la Tierra: ¿fue suave, firme, cálido, frío, húmedo, seco, penetrante, arenoso o mojado?

2 Haga rodar lentamente el pie derecho hacia delante de manera que la parte delantera toque el suelo. El peso del cuerpo debería estar en el pie izquierdo. Una vez que el pie derecho esté firmemente apoyado, comience a desplazar el peso hacia él. Concéntrese en quitarlo del pie izquierdo y, mientras lo adelanta, cárguelo cobre el pie derecho. Repita. Cuanto más despacio camine, más difícil y beneficioso será. Concéntrese en sentir cada detalle mientras sus pies tocan el suelo con movimientos lentos. Si esto le resulta difícil, apóyese en otra persona o contra una pared.

■ CONSEJO DE SIMON

El secreto para realizar correctamente este ejercicio consiste en mantener las manos y las muñecas relajadas. Con la práctica, le resultará fácil coordinar los movimientos y la respiración.

SHIATSU

El shiatsu es un antiguo arte de curación originario de Japón, que se basa en el poder de curación de tocar y presionar para mantener el cuerpo saludable y flexible y la mente tranquila y relajada. Durante una sesión de shiatsu, el practicante aplica presión con los pulgares, las manos, los codos, las rodillas y los pies para lograr una relajación profunda y bienestar en el receptor. En ocasiones, las técnicas para dar un shiatsu son dinámicas o estáticas, y comprenden presión, golpes, elongamientos, manipulación y sobados.

Según mi experiencia en dar shiatsu, el ritmo corporal de la otra persona guía los propios movimientos. Resulta importante establecer un patrón y evitar gestos repentinos y violentos. Mueva su peso hacia atrás y delante de manera rítmica sobre su compañero, aplicando presión con las manos en forma lenta y gradual. Combine esto con exhalaciones intensas y prolongadas y una positiva proyección de energía chi.

CONTROLAR LA PRESIÓN Y LA RESPIRACIÓN

Durante el shiatsu debe ponerse a tono y equiparar el patrón de respiración de su compañero como una forma de meditación entre el dador y el receptor que es beneficiosa para ambos. Sugiero que comience una sesión de masaje shiatsu apoyando la mano en la espalda o el abdomen de su compañero para seguir el ritmo de su respiración.

Puede aplicar presión con cualquier parte del cuerpo; pero resulta más fácil con las palmas de las manos. Practique arrodillándose en el piso y coloque un almohadón grueso frente a usted. Inclínese hacia adelante y coloque apoye las palmas sobre él. Inhale. Cuando exhale mueva el peso del cuerpo sobre las manos y aplique presión. Mientras hace esto le sugiero que imagine que está introduciendo energía chi en la otra persona.

MEJORAR LA CIRCULACIÓN

Golpear la superficie del cuerpo estimula una mejor circulación y activa la energía chi. Mantenga las muñecas flojas, de manera que el movimiento parta de los codos. Las manos deben subir y bajar con las muñecas relajadas. La técnica más ligera utiliza las puntas de los dedos, los laterales de las manos, las palmas, los puños flojos y dos manos entrelazadas que progresivamente se fortalecen. Ciertas partes del cuerpo (como el cráneo) se deben tratar con delizadeza, mientras que otras (como las nalgas) se pueden golpear vigorosamente.

RELAJAR LOS MÚSCULOS TENSOS

Cuando los músculos estuvieron en movimiento durante un período prolongado, comienzan a producir ácido láctico. Si este derivado se acumula y permanece en las fibras musculares, les impide que se deslicen y recuperen su completa longitud.

En consecuencia, los músculos

permanecen contraídos, lo cual puede conducir a la tensión, rigidez y eventualmente pérdida de movilidad.

Para liberarse de la formación de ácido láctico y mejorar la circulación apriete con suavidad los tejidos utilizando movimientos de sobado. Cuando aplique un masaje shiatsu averigüe con qué firmeza le agrada ser masajeado a su compañero. Puede tomar la piel entre el pulgar y los dedos, o apretarla suavemente entre los dedos y la palma. Imprima determinado ritmo al sobado para estimular un flujo regular de energía chi en el tejido muscular. Las elongaciones regulares liberan la energía chi atrapada en los músculos anudados, y el shiatsu tiene el poder de liberar la energía chi estancada y las emociones reprimidas que acompañan esta situación. Elongue lentamente a su compañero y descubra los límites de su comodidad.

TRABAJAR CON LAS ARTICULACIONES

Las articulaciones del cuerpo se rigidizan y pierden movilidad a través del desgaste diario. Flexionar las articulaciones es muy importante en cualquier tratamiento dinámico de shiatsu. Experimente sobre usted mismo primero para comprender qué articulaciones mover, en qué dirección, y luego trabaje con esas mismas articulaciones de manera similar en un amigo o compañero. Evite ejercer presiones o fuerza excesivas en todo momento.

SUS INSTRUMENTOS

Aprenda a aplicar presión y proyecte energía chi utilizando varias partes del cuerpo.

1 **Manos**
   Lo más fácil para comenzar. Éstas pueden aplicar presión en forma pareja sobre grandes superficies.

2 **Pulgares**
   Ideales para aplicar presión localizada y detallada sobre puntos específicos de acupresión.

3 **Codos**
   Útiles para aplicar presión intensa sobre zonas pequeñas en partes específicas del cuerpo como hombros, nalgas o muslos.

4 **Rodillas**
   Efectivas para distribuir presión intensa sobre zonas grandes del cuerpo.

5 **Pies**
   Ideales para dar masaje ya que pueden cubrir una zona amplia, aplicar una considerable presión, y son suaves y flexibles. El menos aburrido.

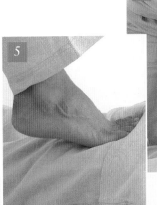

EL ARTE DEL SHIATSU

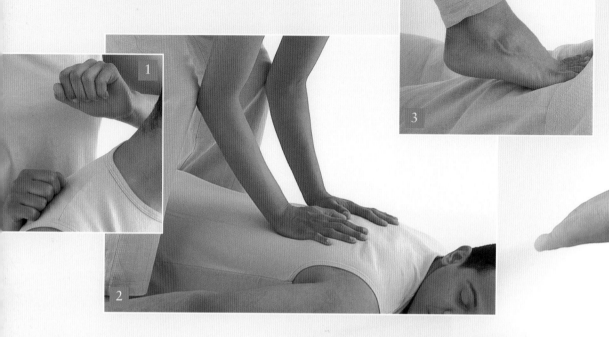

Pídale a su compañero que se siente en un silla o que se arrodille en el piso. Coloque las manos sobre los hombros para seguir su respiración. Apriétele los hombros con suavidad y de manera rítmica, sobando los músculos con ambas manos. Luego, coloque los dedos, pulgares, codos o ambas manos (ver página 39) sobre el músculo que pasa por la parte superior de los hombros. Inclínese hacia delante presionando el músculo mientras exhala, trabajando desde el cuello hacia los hombros. Golpéele los hombros con el puño flojo y las muñecas relajadas. 1. Coloque las manos sobre los hombros para verificar si cambió la respiración. Pídale a su compañero que se coloque boca abajo. Utilice

capas de toallas para que esta posición sea más cómoda. Si su compañero tiene el cuello tenso, coloque un almohadón debajo del pecho. Sienta la respiración. Párese o arrodíllese a horcajadas de su compañero. Coloque las palmas en la parte superior de la espalda. 2. Inhale. Descargue el peso del cuerpo sobre sus manos en la exhalación. Trabaje hacia debajo de la espalda mientras presiona en cada exhalación. Repita, pero esta vez, aplique presión a través de los pulgares a cada lado de la columna mientras desciende hacia las nalgas. Luego, presione la nalga de su compañero con la parte delantera del pie de manera firme y rítmica. 3. Mueva el cuerpo de su

compañero hacia uno y otro lado para aflojar las articulaciones de la espalda. Arrodíllese junto al muslo de su compañero, coloque la mano en la parte baja de la espalda y levante el pie mientras presiona lentamente el muslo con la rodilla. 4. Masajee desde la parte superior de la pierna hacia la rótula. Apoye el pie de su compañero en el piso y arrodíllese cerca de la parte inferior de la pierna. Deslice el pulgar por el centro del músculo de la pantorrilla, comenzando por la parte trasera de la rodilla. 5. Existe un poderoso punto de acupresión a un tercio de distancia hacia abajo. Repita con la otra

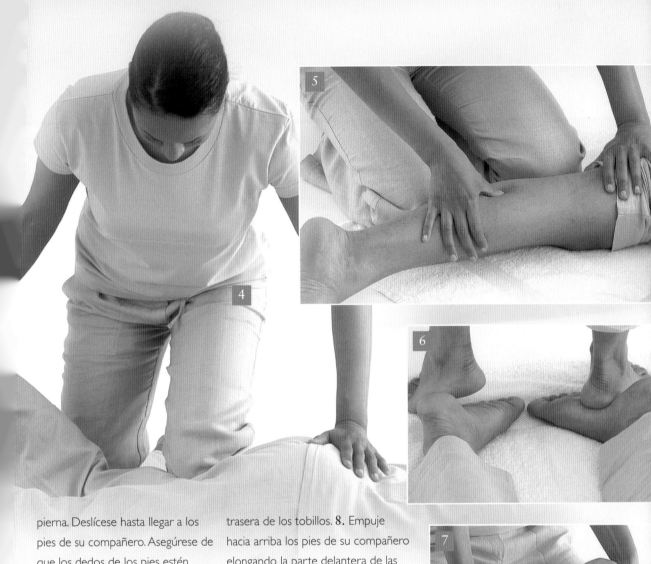

pierna. Deslícese hasta llegar a los pies de su compañero. Asegúrese de que los dedos de los pies estén apuntando hacia el interior y los talones hacia fuera.

Párese sobre la punta de los dedos de los pies, masajee las plantas de los pies con sus talones. **6.** Sostenga los tobillos y levante las rodillas para elongar la parte delantera de los muslos y el abdomen.

7. Apoye las rodillas de su compañero hacia abajo sobre el piso. Sostenga la parte delantera de los pies y empújelos con delicadeza hacia el piso para lograr una elongación completa de la parte

trasera de los tobillos. **8.** Empuje hacia arriba los pies de su compañero elongando la parte delantera de las piernas. **9.** Finalice colocando las manos en la espalda de su compañero. Vuelva a conectarse con su ritmo de respiración.

KINESIOLOGÍA

PRUEBA MUSCULAR
Pídale a su compañero que
se relaje y medite sobre su
pregunta mientras inhala y
exhala lentamente.
Coloque sus palmas sobre
las muñecas mientras él
aleja ambos brazos de los
costados y usted ejerce
resistencia.

Descubrí que el cuerpo humano tiene una capacidad innata para curarse a sí mismo. La kinesiología es una herramienta de realimentación que opera de acuerdo con este principio. La teoría de la energía chi nos dice que los objetos o sentimientos que no se encuentran en armonía con el campo de energía chi pueden derivar en una debilidad muscular leve y temporaria durante una prueba muscular. Del mismo modo, el pensar en algo desagradable o problemático también puede cambiar la energía chi, dificultando el ejercicio de una fuerza máxima.

PRUEBA MUSCULAR MANUAL

El kinesiólogo aplica una firme resistencia durante una prueba muscular sosteniendo los brazos del paciente en forma rígida hacia abajo, y luego pidiéndole que trate de no moverlos. Una evaluación se realiza basándose en la fuerza muscular que ejerce el receptor. Dicha sensibilidad resulta muy útil en las manos de un experto cuando busca tratar las causas subyacentes de una enfermedad o malestar. Esta idea también se puede aplicar a la simetría de su cuerpo. Cuando el cuerpo está relajado, debería tener un equilibrio uniforme. Algo súbito puede generar cambios en el flujo de energía chi que provocan perturbaciones físicas en todo el cuerpo. Para obtener respuestas a través de una prueba muscular, la mente del receptor debe estar relajada y receptiva. No trate de prever las respuestas. Si está trabajando con un amigo, realice algunas pruebas preliminares en el brazo en condiciones ideales como punto de referencia. Le sugiero que formule preguntas que requieran un "sí" o un "no" por respuesta. Comience con preguntas de carácter general, y cuando la sesión haya avanzado, indague por más detalles. Por ejemplo, si alguien tiene una erupción cutánea y quiere saber si tiene un conocimiento más profundo de las causas, debería preguntar: ¿la comida empeora la erupción? Antes de volver a probar con el brazo de su amigo. Si esta pregunta produce una respuesta débil, puede comenzar a preguntar sobre diferentes aspectos de la alimentación, empezando con los grandes grupos de alimentos, como los lácteos, granos, azúcares, frutas y frutas secas; luego si obtiene alguna respuesta débil sobre alguno de estos grupos, puede examinar los tipos exactos de alimentos dentro de esa categoría para obtener mayor información.

Si no obtiene una respuesta débil sobre los alimentos, puede investigar otros aspectos. Por ejemplo, si hay una enrojecimiento dermatológico, otras de las posibles causas podrían ser la ropa, la tensión y las alergias a cosméticos o jabones. Una vez que haya determinado una posible causa para el problema de su amigo, éste podrá eliminar al atacante para ver si se produce un resultado positivo o un cambio.

En mi experiencia, la precisión de una prueba muscular depende de formular las preguntas correctas. Con la práctica podrá realizar todo el proceso de manera que los demás se sientan seguros y tranquilos.

UTILIZAR LAS MUÑECAS

1 Pídale a su compañero que se coloque boca abajo sobre el piso. Párese a horcajadas sobre sus piernas y tómele las muñecas. Colóquelas sobre el centro del cuerpo, alineadas con la columna vertebral, y tire de cada una en forma uniforme en dirección a los pies.

2 Si su compañero está relajado, los extremos, nudillos y articulaciones de los pulgares estarán alineados. Si no lo está, masajee los hombros y la espalda. Pruebe otra vez. Formule la pregunta. Después de que su compañero la haya reconsiderado vuelva a verificar sus manos.

3 Coloque las manos de su compañero sobre el piso cada vez que formule una pregunta. Vuelva a colocarle las manos en una posición plana masajeando la parte superior de la espalda y los hombros mientras él piensa en algo placentero antes de formular la siguiente pregunta.

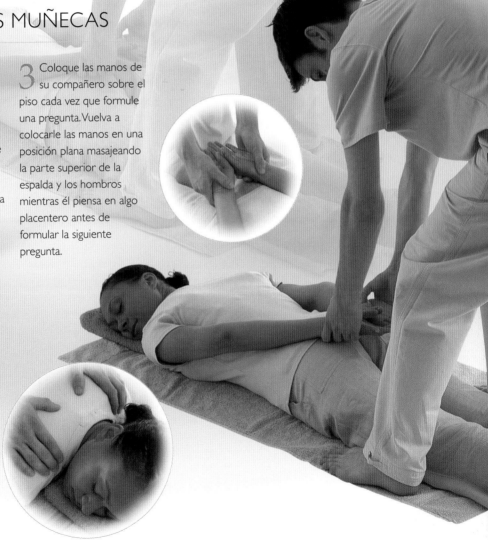

UTILIZAR UN PÉNDULO PARA LOCALIZAR LOS CHAKRAS

CHAKRAS

Los chakras son centros de actividad de energía chi intensa y turbulenta que se encuentran en puntos específicos del cuerpo, y a través de los cuales fluye su energía espiritual y emocional. Resulta muy útil aprender a localizar los chakras en un compañero (acostado) usando un péndulo, el cual es influido por la energía chi, para la realización de ejercicios posteriores. Ate un anillo de metal a un metro de hilo de algodón. Suspéndalo sobre las partes de su compañero que quiera evaluar. Sostenga el hilo de un extremo para que el anillo se pueda mover libremente. Observe las señales cuando comience a balancearse. Cuando encuentre un chakra, el anillo comenzará a girar en la punta del hilo. La dirección en la que gira refleja la forma en esta energía chi se mueve en forma de espiral. Si no sucede nada, aleje el anillo lentamente e inténtelo otra vez.

UBICACIONES Y PROPIEDADES

EL CHAKRA DE LA CORONILLA (SAHASRARA)

Para encontrar este chakra pídale a su compañero que se siente en una silla o se arrodille en el piso. Revísele la coronilla para encontrar una espiral ondulada en el cabello. Suspenda el anillo sobre esta zona y busque el punto en el que comience a balancearse o a girar. El Chakra de la Coronilla es un punto de entrada con gran influencia, por el cual ingresa la energía chi al cuerpo con la mayor facilidad y fluye por el canal principal que une los otros siete chakras. El Chakra de la Coronilla apunta al cielo a través de la cabeza para absorber energía chi del planeta, y equilibrar las energías interna y externa de los individuos. Esta energía le brinda la capacidad de estar intuitiva y espiritualmente conectado.

EL CHAKRA DEL ENTRECEJO (AJNA)

El Chakra del Entrecejo está ubicado entre las cejas y se lo puede localizar sosteniendo el péndulo sobre el centro de la frente de su compañero (quien debe estar acostado). Esta clase de energía chi está relacionada con la habilidad para pensar, el intelecto y los poderes de la razón. Este chakra, conocido como "el tercer ojo", está relacionado con la parte del cerebro que se usa para planificar. Cuando el Chakra del Entrecejo se encuentra activo, puede experimentar interesantes destellos y fascinantes percepciones interiores.

EL CHAKRA DE LA GARGANTA (VISHUDDHA)

En los hombres este chakra está ubicado en el frente del cuello, a la altura de la manzana de Adán. En las mujeres se encuentra en el medio de la garganta. Para activarlo sostenga el anillo sobre el cuello de su compañero. El Chakra de la Garganta está asociado con la creatividad y la comunicación, es aquí donde la energía chi del corazón y la mente se encuentran para formar la exhalación y las palabras. Este chakra actúa como un punto de equilibrio y se debería activar para restablecer la estabilidad emocional y mental perdidas. El habla, el canto y las rimas también resultan útiles, ya que la energía chi se experimenta a través de las vibraciones sonoras en el Chakra de la Garganta.

EL CHAKRA DEL CORAZÓN (ANAHATA)

Ubicado entre las tetillas cuando está acostado, busque el Chakra del Corazón presionando la suave hendidura que se encuentra allí antes de colocar el péndulo sobre esta zona. Contiene la energía chi de sus emociones y es el centro de los sentimientos del amor, la armonía y la paz. Si mantiene la energía chi de este lugar en libre movimiento podrá superar los traumas emocionales más rápidamente.

EL CHAKRA DEL ESTÓMAGO (MANIPURA)

Ubicado en el plexo solar, busque el Chakra del Estómago suspendiendo el péndulo sobre la zona que se encuentra entre el pecho y el ombligo de su compañero hasta que comience a balancearse. Si la energía chi del Chakra del Estómago está demasiado activada, la gente se vuelve obsesiva con el trabajo. Si existe muy poca energía aquí aparecen la indiferencia y el letargo. Esta clase de energía chi es la fuerza que impulsa la vida.

EL CHAKRA DEL ABDOMEN (MULADHARA)

El Chakra del Abdomen, también llamado "hara", se encuentra dos dedos abajo del ombligo, así que sostenga el péndulo sobre él. Éste se debería elevar un poco cuando su compañero está acostado de espalda para lograr una máxima absorción de energía. El hara es considerado la fuente de energía interior y alimenta los otros chakras brindándole poder, resistencia física y vigor mental. Antiguamente en Japón la gente usaba una faja de algodón, llamada hara maki, para mantener esta zona cálida y protegida.

EL CHAKRA DEL SEXO (SVADHISTHANA)

Ubicado entre el ano y los órganos genitales en los hombres y las mujeres, este chakra también es conocido como Chakra Base, y contiene la energía chi concentrada principalmente en el sexo, la capacidad reproductiva y el placer físico. Búsquelo suspendiendo el anillo del péndulo sobre la zona púbica de su compañero.

ARMONIZAR CON LOS PENSAMIENTOS Y EMOCIONES DE OTRO

MEDITACIÓN
VISUALIZACIÓN

Desarrollar la sensibilidad a la energía chi propia y por ende a la de otras personas lo ayudará a armonizar con los pensamientos y emociones de los demás. Esto puede abrirle todo un nuevo mundo, en el que será más perceptivo e intuitivo acerca de quienes lo rodean. Cuando se desarrollan estas habilidades resulta más fácil comprender a los demás y relacionarse más profundamente con su estado emocional. En esencia, es como poder acceder a los contenidos del corazón y la mente de otro.

PENSAMIENTOS

Pídale a su compañero que se siente o arrodille. Debe poder tomarle la cabeza con comodidad. Comience con los ejercicios de generación de energía chi de las páginas 32-33.

Pídale a su compañero que se concentre en la respiración. Acerque y aleje las manos para registrar zonas calientes o con una intensa atracción magnética. Realice un bosquejo de la cabeza y escriba notas. Si su compañero es calvo o tiene el cabello muy corto, marque las zonas más cálidas con notas adhesivas. Para cabellos más largos, indique la ubicación de estas zonas atando hilos de colores.

Luego su compañero debe concentrarse en un acontecimiento, expectativa o deseo futuro. Asegúrese de que no se distraiga a pensar en el pasado. Se recomienda hacer girar los ojos como si se buscara en el interior de la frente. Sienta la cabeza de su compañero, en especial la frente. Registre cualquier zona que esté notablemente cálida.

Pídale a su compañero que cierre los ojos y recuerde un acontecimiento del pasado con todos los detalles. Mueva las manos sobre la cabeza de su compañero, concentrándose en la espalda. Registre los puntos o lugares calientes con una intensa atracción magnética.

Descanse durante algunos minutos. Deje que su compañero limpie la mente antes de regresar a un pensamiento previo. Sienta la energía chi alrededor de su cabeza. Trate de averiguar si su compañero está imaginando algo nuevo o recordando un acontecimiento del pasado.

EMOCIONES

Este ejercicio le enseña cómo reconocer las diferentes
emociones y vincularlas al flujo de energía chi dentro de
determinadas partes que rodean al ombligo. Durante esta
técnica, su compañero debe estar dispuesto a revivir un
acontecimiento que suscite intensas emociones.

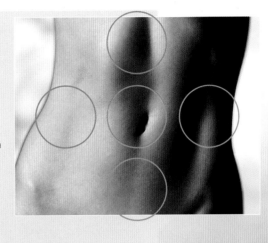

La energía chi que fluye abajo del ombligo está relacionada con
los sentimientos del miedo y la ansiedad. La energía chi que
fluye a la derecha del ombligo está conectada con la
frustración y el enojo. En la parte inferior del abdomen, el
estado emocional dominante es la histeria; en el centro
dominan la envidia y los celos; a la izquierda del ombligo la
emoción clave es la depresión.

Pídale a su compañero que se acueste de espalda y que se concentre en su
respiración hasta que ésta tenga un ritmo regular. Pruebe con suavidad el abdomen
de su compañero con la punta de los dedos para sentir la energía chi localizada en
esta zona. Observe los lugares que se sienten blandos o relajados y tenga en mente
dónde se encuentran ubicados. Identifique un pulso intenso alrededor del diafragma
y recuerde cómo se siente.

Pídale a su compañero que recuerde un acontecimiento muy emocionante
mientras desliza la mano sobre el abdomen en busca de nuevos puntos calientes o
zonas con una intensa atracción magnética. Vuelva a probar el abdomen con
suavidad para detectar si se produjeron cambios. Busque zonas que se hayan
endurecido o tensionado. Vuelva a buscar el pulso. Anote cualquier zona
que se sienta más caliente.

Compare si los cambios que notó se relacionan con estas zonas
específicas y sus emociones relevantes. Compare sus notas
con lo que siente su compañero.

Después de unos minutos de descanso, pida a su
compañero que piense en algo calmante o cargado de
emoción. Trate de comprender lo que está pensando
basándose en cómo se siente su abdomen.

○ **CHI DEL CORAZÓN**
Histeria

○ **CHI DE LOS PULMONES**
Depresión

○ **CHI DEL BAZO**
Envidia, celos

○ **CHI DEL HÍGADO**
Enojo, frustración

○ **CHI DEL RIÑÓN**
Temor. Ansiedad

LA ENERGÍA *Chi*
Y LA MENTE

Si es capaz de dirigir y controlar su energía chi mental, puede canalizar pensamientos positivos para comenzar el día, expandir o limpiar su mente a través de técnicas de meditación, y manejo de puntos de acupresión para movilizar la energía chi atrapada. Las clases de alimentos que ingiere y las infusiones que bebe también son importantes para elevar la energía chi mental. Ponga en práctica las recomendaciones específicas del feng shui para reorganizar su espacio vital y convertirlo en un lugar donde pueda dormir pacíficamente y pensar claramente.

USAR LA MENTE PARA CAMBIAR SU ENERGÍA CHI

Usted puede influir y cambiar la energía que lo rodea impulsando pensamientos que luego estimulen reacciones psicológicas. Estas respuestas requieren y emiten energía en forma de chi. El cerebro no sólo tiene la capacidad de "colorear" la energía chi interior sino que también puede dirigirla a distintas partes del cuerpo. Le mostraré diferentes técnicas para concentrar su mente y desarrollar habilidades de concentración. Como el cerebro tiene increíbles poderes para concentrar la energía chi, puede utilizarlo para controlar y cambiar en forma gradual la dirección de la energía que fluye en su interior. Aprenda a mover su energía chi hacia abajo, arriba, afuera o adentro de acuerdo con las necesidades. Esta práctica mejora cuando el pensamiento mental se combina con técnicas de respiración correctas. En nuestra vida diaria, la mayoría de nosotros utiliza sólo el 10 por ciento de la capacidad mental total; al movilizar la energía chi a través del poder de la mente puede obtener el mejor provecho de esta sorprendente herramienta. Realice los ejercicios de movilización de energía chi mencionados en un lugar tranquilo y pacífico.

MANEJO MENTAL DE LA ENERGÍA CHI

En las etapas iniciales de aprendizaje para ejercitar el control de su energía chi mental resulta beneficioso asociar esta fuerza con un objeto o actividad significativa. En general, las influencias más intensas son las sensaciones visuales, auditivas o táctiles. Por ejemplo, su método preferido de relajación podría ser mirar una película, observar un atardecer o visitar una galería de arte. Como estas experiencias son visuales, la asociación de estas imágenes serán muy efectivas cuando trate de revivir ese mismo estado de relajación durante un ejercicio de visualización o meditación. Si observa que la mejor forma de relajarse es charlar con un amigo, escuchar música relajante o ejecutar un instrumento, será más susceptible al sonido y sus vibraciones. Si responde naturalmente a la sensaciones táctiles, a recibir un masaje, estar en un sauna o realizar alguna clase de ejercicio físico tendrá una mayor tendencia a canalizar mentalmente su energía chi.

Una vez que haya identificado qué "grupo" funciona mejor para usted, utilícelo como un poderoso impulso para acceder mentalmente y manejar activamente su energía chi. Si descubre que reacciona mejor a la estimulación visual, trate de imaginar su energía chi como un color o una luz intensa. Imagine que lleva este matiz al interior de su cuerpo en la inhalación, y que distintas partes del cuerpo la absorben en la exhalación.

Si sus estímulos más intensos son los sonoros, defina su energía chi en términos auditivos. Imagine que está inhalando un sonido que inunda su cuerpo y se puede movilizar hacia donde se requiere más energía. De manera similar, si usted responde al tacto, visualice que inhala tibieza o calor que gradualmente se expande a través del cuerpo. Cambie esta sensación a otras partes del cuerpo mientras exhala.

Cuando se sienta seguro al utilizar estos canales sensoriales, puede combinarlos de maneras interesantes: inhale un color azul frío y el sonido de las olas rompiendo el orilla. Busque y utilice objetos o situaciones que actúen como poderosos disparadores y registre mentalmente aquellas imágenes visuales, sonidos y sensaciones táctiles que tengan la mayor significación para usted.

LIBERARSE DE UN DOLOR DE CABEZA

Ayude a que otro se cure un terrible dolor de cabeza formulándole la siguientes preguntas:

¿Dónde le duele la cabeza?

¿El dolor que sufre es en la parte exterior o interior de la cabeza?

Si el dolor tuviera un color, ¿cuál sería?

Si el dolor que tiene pudiera producir un sonido, ¿cuál sería?

¿Puede describir la forma del dolor?

Del uno al 10, ¿qué intensidad tiene el dolor?

Aliente a la otra persona para que responda todas estas preguntas, y repita la secuencia de preguntas varias veces hasta que el malestar desaparezca o disminuya. Si está tratando con un dolor de cabeza obstinado, pídale a su amigo que cambie el color del dolor por un matiz pastel, que modifique el sonido a un tono más calmante, y altere el contorno a una forma más suave. Para incrementar la relajación, investigue qué hace feliz al que sufre, quizá estar recostado en una playa, nadar en el mar, escuchar música inspiradora, caminar en un jardín de verano o contemplar una puesta de sol conmovedora. Aliéntelo para que "sienta" que está realmente allí. Cuando usted un dolor de cabeza severo, pídale a otra persona que lo guíe en este ejercicio.

MOVER LA ENERGÍA CHI HACIA ABAJO

Útil para sentirse con los pies en la Tierra y práctico. Ideal para cuando la cabeza tiene pensamientos de preocupación y no se puede encontrar paz mental.

Siéntese en una silla e inhale suavemente por la nariz. Imagine que la respiración sube a su cabeza. Sienta que se enfría mientras fluye a través del paladar. Mezcle el aire con la energía chi y sus pensamientos de manera que pueda expulsarlos cuando exhala.

Cuando exhale libere todo el aire del pecho, luego del abdomen y trate de retener esta pequeña cantidad de aire hasta el final. Repita hasta sentirse cómodo. Cuando exhale, y mientras libera el aire de la parte superior del pecho y lo baja hasta la parte inferior del abdomen, envíe energía chi por las piernas hasta los pies.

Imagine que respira energía chi hasta los pies. Sienta que están un poco más tibios mientras trata de empujar cada más profundo en el suelo. Relájese y concéntrese en sus pies. Sienta que el cuerpo incorpora energía renovada de la Tierra y la lleva hacia la cabeza. Repita varias veces por día.

MOVER LA ENERGÍA CHI HACIA ARRIBA

Perfecto cuando está buscando nuevas ideas y necesita tener más energía en la cabeza. Lo alienta a sentirse más positivo, activo y emprendedor.

Párese con los pies separados y alineados con los hombros. Inclínese hacia delante llevando el peso del cuerpo hacia la punta de los pies. Respire con el abdomen, luego con el pecho. Exhale vaciando por completo el abdomen antes de liberar la última porción de aire de la parte superior del pecho. Imagine la energía chi trasladándose del abdomen a la cabeza.

Una vez que se sienta cómodo con la ejercitación del paso 1, deje caer los brazos a los costados del cuerpo, con las palmas hacia el frente. Levante sentamente las manos cuando exhale, colocándolas frente al cuerpo hasta que alcancen la parte superior del pecho. Póngase en puntas de pies cuando esté por terminar de exhalar.

Sienta un leve zumbido mental mientras la energía entra en su cabeza. Relájese y concentre su mente en absorber energía chi en su cabeza a través del Chakra de la Coronilla. Deje que el flujo de energía que circula por la cabeza baje lentamente por el cuerpo. Este movimiento estimulará un mayor ingreso de energía chi a través del Chakra de la Coronilla.

EXPANDIR LA ENERGÍA CHI HACIA FUERA

Buena para dar una muy buena primera impresión, expresarse y liberar emociones negativas. Acompañe con limpieza de la piel y ejercicios de respiración profunda con golpes en el pecho cuando exhale. Expandir demasiado esta energía puede dar como resultado una pérdida de fuerza interior.

Colóquese en cuclillas con los pies separados y alineados con los hombros. Cruce los brazos sobre el pecho. Inhale e imagine que incorpora abundante energía chi. Sienta que la misma le recorre el cuerpo, dándole energía y llenándole los pulmones.

Póngase de pie cuando exhale y estire los brazos en forma de estrella. Imagine que libera energía chi a través de la punta de los dedos de las manos y de los pies. Sienta que esta energía se expande en un amplio círculo. Emita un sonido "ahh" para irradiarla más lejos aún.

INCORPORAR ENERGÍA CHI

Útil para desarrollar fuerza interior incentivando lo más profundo de su energía chi. Provechoso cuando se siente cansado, frío o frágil. Llenar esta fuente de energía le permitirá encontrar las soluciones a problemas muy arraigados. Sin embargo, si se guarda demasiada energía, se corre el riesgo de disminuir la conexión de su energía chi con el mundo exterior, y esto puede dar como resultado la formación de emociones negativas.

Arrodíllese o siéntese. Inhale por la nariz. Incorpore energía chi en su abdomen, luego en el pecho. Apriete el ano mientras endurece los músculos abdominales, manteniendo la boca y los pasajes nasales cerrados. Sienta calor que se expande en el abdomen. Imagine energía chi comprimida interiormente. Exhale lentamente. Repita y descanse.

EL PRIMER PENSAMIENTO DEL DÍA

MEDITACIÓN
VISUALIZACIÓN

Al levantarse a la mañana, la mente se siente descansada y relativamente libre de pensamiento. Este espacio mental se crea durante la noche cuando se libera la emoción acumulada a través del complejo proceso del sueño. Éste es el motivo por el cual cuando recién se abren los ojos es el momento ideal para tener un pensamiento importante para comenzar el día. Para ayudar a esto, comience su día con una práctica de meditación para generar y mantener energía chi, el combustible que lo mantendrá en la huella durante el transcurso del día. Como inevitablemente estará en contacto con diferentes tipos de energía, es imperativo que enfrente el día con la cabeza llena de energía positiva.

Si practica esta simple secuencia con regularidad, le resultará más fácil cultivar los niveles emocionales que desea. Para comenzar concéntrese en cosas pequeñas para adquirir confianza, vea cómo funciona y luego avance hacia objetivos más ambiciosos. Cuando se acueste a la noche, piense en su día. ¿Pudo experimentar los sentimientos con los que soñó cuando eligió el tipo de energía chi emocional que quería que fluyera por cada célula de su cuerpo?

CANALIZAR LOS PENSAMIENTOS

Tan pronto como se despierte, levántese de la cama y elongue completamente su cuerpo. Si sus miembros están cansados o acalambrados, use los meridianos de elongación (ver página 130) para volver a reanimarlos. Si le cuesta levantarse, realice elongaciones acostado para facilitar esta transmisión.

Una vez que haya terminado de elongar, siéntese o arrodíllese con el frente del cuerpo hacia el este, donde sale el sol. Apoye las manos sobre las piernas con las palmas hacia arriba para que su energía chi pueda ascender. Esta posición le permite absorber directamente más energía chi del sol y lo ayuda a sentirse mejor dispuesto para comenzar el día. Siéntese con la espalda derecha. Acomode la cabeza llevando la mandíbula un poco hacia atrás y elevando la parte trasera de la cabeza, de manera que el Chakra de la Coronilla apunte hacia arriba. Imagine que este chakra está suspendido de un hilo y que el cuello y la columna vertebral están colgando de él.

Vacíe su mente concentrándose en la respiración. Sienta cada gota de aire que entra y sale de su cuerpo. Primero respire con el abdomen y luego con el pecho. Cuando exhale, relaje el pecho y luego el estómago. Respire libre y tranquilamente. Una vez que haya armonizado su respiración y con la mente clara, comience a concentrarse en cómo querrá sentirse cuando el día termine.

Concéntrese en un sentimiento a la vez. Por ejemplo, puede elegir sentirse contento, satisfecho, tranquilo, amado, seguro, independiente, entusiasta, o en armonía con otras personas.

CONCENTRARSE EN UN PROPÓSITO

Cuando haya identificado cómo desea sentirse, "conviértase" en ese sentimiento, imagine que lo envuelve antes de acostarse. Analice qué debe hacer para sentirse de esa manera. Tenga en cuenta todos los obstáculos que tendrá que enfrentar durante el día. Concéntrese en las cualidades que desea tener y deje que los pensamientos floten por su mente mientras buscan inspiración. Relájese y, cuando sus ideas estén en su lugar, anótelas. Medite sobre qué fuerzas lo ayudarán a cumplir su objetivo. Quizá necesite ser más paciente, confrontar más, ser más honesto, concentrado, considerado, disciplinado, responsable o sereno. Familiarícese con este sentimiento, cómo funciona, cuáles son sus límites y vuelva a buscarlo varias veces durante el día para energizarse.

EL PODER DE LA
ELONGACIÓN MATINAL
Tan pronto como se despierte, levántese de la cama y reanime su cuerpo con una elongación prolongada y natural. Durante el sueño, los músculos pueden tensionarse y existen beneficios psicológicos para tomarse unos minutos del día y elongarse y relajarse.

ALIMENTOS PARA LA CLARIDAD DE PENSAMIENTO

ALIMENTOS

ALGAS MARAVILLOSAS
Incluya "vegetales
marinos" purificadores en
su dieta, como el wakame
(alga marina marrón)
comestible

Vivir en el mundo convulsionado y contaminado actual significa que todos absorbemos toxinas de nuestro medio ambiente. Una forma de luchar contra esta intrusión en nuestra salud es incluir muchas variedades de algas marinas o "vegetales marinos" en nuestras dietas. Elija entre el kombu, wakame (alga marina marrón), nori (alga roja), o la dulce (alga roja) (equivalente irlandés) capaces de aislar las toxinas en la sangre para ayudar en su distribución como productos de deshecho. En las páginas siguientes se bosqueja una dieta saludable para desintoxicar su cuerpo.

Lo que comemos influye en cómo y qué sentimos. Ingerir los tipos de alimentos correctos en términos de su energía chi puede significar una increíble diferencia para su bienestar a largo plazo y todo su estado emocional.

Cuando masticamos, los músculos que se estiran desde la mandíbula hasta arriba de las sienes masajean los laterales de la cabeza y ayudan a movilizar la energía chi alrededor del cerebro. Mastique cada bocado por lo menos 30 veces, prolongando el tiempo que mantiene la energía chi del alimento en la boca antes de tragar. Mezcle bien la comida con la saliva de la boca, de manera que las enzimas puedan iniciar el proceso químico que permite una mejor abrsorción y digestión.

Creo que cualquier cosa que coma llegará e influirá en su cerebro a través de la asimilación digestiva. La concentración, la memoria y el equilibrio emocional están directamente relacionados con la calidad de la dieta.

Para mí, no sólo los nutrientes influyen en los estados de ánimo y el poder del cerebro sino también la energía chi de los alimentos que se ingieren. Pensar positivamente en los alimentos e ingerir una dieta bien equilibrada, rica en minerales con elevada energía chi, refresca la mente y estimula los poderes mentales renovados. Este proceso de ordenamiento mental conduce al incremento de la claridad de pensamiento, ya que todas las células cerebrales son inundadas con energía vibrante.

Los alimentos son absorbidos en primer lugar por el intestino delgado, donde son procesados, transferidos al hígado y volcados al torrente sanguíneo. Una vez en el sistema circulatorio, ayudarán a definir la química sanguínea e inundarán las células cerebroales. Los minerales, azúcares y grasas (ver recuadro) pueden afectar poderosamente el estado mental.

NUTRIENTES POSITIVOS Y NEGATIVOS

Los tipos de ingredientes ricos en minerales se consideran alimentos saludables para el cerebro. Sin embargo, los azúcares refinados y las grasas saturadas son tipos de nutrientes improductivos. Los azúcares refinados aceleran y activan tanto la energía chi interior que uno se siente hiperactivo y maníaco, mientras que las grasas saturadas pueden influir de manera adversa la estructura del cerebro y la forma en que funciona, llevando a una lentitud general.

MINERALES
Los minerales, vitales para el crecimiento y reparación de las células y la regulación de los procesos corporales, son esenciales para una buena memoria y concentración. Ingiera mucho pescado, semillas, verduras y algas marinas para mantener los niveles de minerales, en especial, si ingiere gran cantidad de alimentos dulces.

AZÚCARES
Los azúcares refinados son absorbidos en el torrente sanguíneo a través del revestimiento de la lengua y del estómago. Éstos elevan rápidamente los niveles de azúcar en sangre y provocan una precipitación de azúcar hacia el cerebro. En una dramática reacción para bajar los niveles de azúcar en la sangre, el cuerpo puede liberar tanta insulina a través del páncreas, que la concentración de azúcar en la sangre termina siendo demasiado baja. Los sentimientos de depresión, inseguridad y letargo son provocados por bajos niveles de azúcar y energía chi. Una ingesta regular de azúcares procesados aumenta el riesgo de perturbación de la energía chi interior, dificultando la contención de energía necesaria para desarrollar el equilibrio interior.

GRASAS SATURADAS
Cuando fluyen a través de los delgados capilares del cerebro, las grasas saturadas espesan la sangre y producen en efecto de obstrucción total. Estos tipos de grasas retardan (e incluso detienen) el flujo de energía chi a ciertas partes del cerebro. Esto da por resultado una cabeza perezosa, una resistencia a emprender cambios o nuevos proyectos y una falta de flexibilidad.

UNA DIETA VARIADA

Al elegir alimentos que le provean la clase de energía chi que necesita, tenga en cuenta cómo crecen. Por ejemplo, el perejil y los puerros crecen a través del suelo, y por lo tanto contendrán una intensa corriente de energía chi. Si desea sentirse energizado, incluya más cantidad de este tipo de verduras. Lo opuesto serían las verduras de raíz que crecen debajo de la tierra. Recomiendo esta variedad de energía chi para sentirse aplomado y estable. Ciertas verduras, como el zapallo, crecen a lo largo del suelo. Este método equilibrado de crecimiento estimula a que la energía chi esté contenida de manera más central, facilitando el sentirse contento y satisfecho.

También piense en los alimentos en dónde se encuentran en el ciclo vital. Las semillas y los granos son alimentos muy "jóvenes," listos para ser sembrados y convertirse en una nueva planta. Ellos contienen energía fresca y joven comparada con las verduras, el pescado, o la carne, que son alimentos completamente maduros en términos de su contenido de energía chi. En el otro extremo del espectro de energía de los alimentos, los fermentados (como los pickles, el vino, y el miso), fueron descompuestos después de completar su ciclo vital.

ALTURAS DE LAS FRUTAS
Algunas frutas como las manzanas, duraznos y bananas, crecen en ramas suspendidas en lo alto del aire. La energía chi de estos alimentos ayuda a elevar la conexión espiritual con el cosmos, aunque un exceso producirá una pérdida de pragmatismo y conexión con la tierra.

El miso es una pasta alimenticia rica en proteínas que consiste principalmente en granos de soja, sal y granos fermentados, como de cebada o arroz, y que puede ser muy salado o muy dulce.

Este tipo de energía chi favorece la sabiduría y el buen juicio. Estos alimentos también puede representar el comienzo de una nueva fase ya que contienen bacterias primordiales. Al ingerir estos alimentos se puede estimular la energía chi más primitiva del cuerpo para incrementar el vigor sexual y los poderes de supervivencia.

Se obtendrá mucha más energía chi a través de alimentos completamente "renovados", como el arroz integral, avena entera, cebada, verduras, frutas, semillas y frutas secas. Cuando compre pescado y carne fresca tenga en cuenta las características y el comportamiento de los animales involucrados, ya que esto reflejará el tipo de energía que usted estará absorbiendo. Cuanto más agresivo sea el animal mayor cantidad de esa clase particular de energía chi estará ingiriendo.

Cuando aconsejo a la gente sobre su salud, sus hábitos nutricionales y su estilo de vida, advierto que la mejor dieta para un bienestar mental y emocional es la que contiene una elevada cantidad de carbohidratos. Estas largas cadenas de moléculas de azúcar se descomponen lentamente en el cuerpo y ayudan a mantener estables los niveles de azúcar en sangre. Como resultado, las emociones son más constantes y este equilibrio ayuda a no tener cambios bruscos de estados de ánimo.

Otra clave de una dieta saludable a largo plazo es la variedad. Si se incluye una gran variedad de ingredientes y se cocinan de diferentes formas, se reduce el riesgo actual de deficiencia nutricional. La mayoría de los problemas alimenticios se producen cuando se ingiere demasiada cantidad de una cosa (aunque parezca saludable), o si la variedad es muy limitada, por lo tanto beneficiese comiendo una amplia variedad de alimentos ricos en energía chi.

El cuerpo tiene una capacidad natural para pedirle los alimentos que necesita, pero sólo puede hacerlo si está expuesto a una amplia selección. Así puede realizar asociaciones entre sabores, nutrientes y energía que contienen dichos alimentos. Estas señales biológicas no se deben confundir con la búsqueda emocional provocada por un deseo de evocar sentimientos relacionados con ciertas comidas, en especial, alimentos ricos en azúcar y grasas, como el helado y los chocolates.

Le sugiero que ingiera la mayor cantidad de alimentos orgánicos posible para reducir la exposición a pesticidas, colorantes y otros aditivos. Esto es pertinente cuando nos referimos a productos de granja, carnes y pescado, ya que a menudo al ganado vacuno y los peces los alimentan con esteroides, hormonas de crecimiento, antobióticos y tinturas, todos los cuales terminan en su interior. Existe una regla general cuando nos referimos a alimentos procesados: cuanto menos ingredientes tiene más natural es el producto.

ALIMENTOS CON ENERGÍA CHI

TIPO DE ALIMENTO	QUÉ HACEN	EJEMPLOS
Estimulantes	Ayudan e energizar e inspirar. Fortalecen la actividad mental que estimula ideas nuevas y creativas.	Puerros, echalotes, apio, verduras de hojas verdes, perejil, brotes de verduras. Repollo chino, berro, cebollines.
Estabilizadores	Permiten sentirse estable y seguro. Incrementan la fuerza interior y aumentan los poderes de concentración.	Zanahorias, chirivías, daikon (rábano blanco).
Equilibrantes	Lo hacen sentir contento, satisfecho y equilibrado, ya que contienen energía chi interior.	Zapallo, papas, nabo, repollo, coliflor, brócoli, melón.
Trascendentes	Alejan del suelo y ayudan a elevarse espiritualmente.	Manzanas, peras, tomates, uvas, damascos.
Con energía chi joven	Preservan la elasticidad física y mental, y revitalizan.	Arroz integral, avena, cebada, sésamo, semillas de amapola, semillas de girasol, lentejas, garbanzos, porotos aduki.
Con energía madura	Estabilizan las emociones y hacen sentirse seguro y satisfecho.	Pescado, carne, verduras, frutas, algas marinas, papas.
Mejoradores del flujo de energía chi	Ayudan a "ir con la corriente" y a sentirse más relajado.	Calamar, camarón, mejillones, almejas, lenguado.
Asertivos	Brindan la valentía y determinación para luchar por lo que se quiere.	Salmón, anguila, caballa, atún, tiburón.
Sabiduría	Fortalecen la habilidad de actuar con sabiduría y los instintos más profundos del sexo y la supervivencia.	Miso, pickles, yogur, vino, cerveza, salsa de soja.

MENÚES QUE CONDUCEN A UNA BUENA ENERGÍA CHI

La dieta esencial para "alimentar el cerebro" debe ser rica en pescado, mariscos, granos, verduras, algas marinas, fruta, frutas secas y semillas. Abajo hay varios de mis menúes y sugerencias de recetas para que usted prepare. Persevere con este plan de alimentación por lo menos durante diez días, para tener una idea adecuada de cómo afecta su cuerpo y su mente. Durante este tiempo evite cualquie cosa que contenga azúcar incorporada, así que lea atentamente las etiquetas.

DESAYUNO

- Té de menta, jengibre o limón. (Estas infusiones vigorizantes lo animarán y despertarán para comenzar un día vibrante.)

- Avena integral saborizada con semillas de girasol tostadas y pasa de uva. (Esto le suministra un combustible que se consume lentamente durante el día.)

- Polenta cremosa con jarabe de arce y semillas de sésamo tostadas. (Aunque este plato es procesado y no contiene una elevada cantidad de energía chi "vigorizante", es suave, reconfortante y de fácil absorción. Ideal si desea un comienzo del día apacible.)

- Pan al vapor con pasta de semillas de sésamo molidas y salmón ahumado silvestre u orgánico, con un toque de jugo de limón y aderezo de cebollín. (Este plato le brindará la certidumbre de salir y hacer que las cosas sucedan. Al cocinar el pan al vapor se digiere mejor y es más liviano para el estómago. El limón le brinda un poco más de acidez y el cebollín una energía que lo estimulará a levantarse y salir.)

ALMUERZO

- Sushi, arrollados de atún o (maguro maki) y ensalada. (Cuando se combina con la ensalada, este plato japonés frío ofrece una buena mezcla de algas marinas, pescado, arroz y wasabi (el cual tiene un sabor similar al rábano picante), y es una comida completa llena de los nutrientes necesarios para una tarde productiva).

- Sándwich de pasta de puré de garbanzos con aceite de semillas de sésamo o pasta de sésamo, con pickles y limón, mezclada con un poquito de pimientos picantes (optativo). (Este plato ayuda a la estabilidad emocional y en los momentos de tensión.)

- Maíz en chala con zanahorias blanqueadas, brócoli y verduras aderezadas con vinagre natural. (Esta opción para el almuerzo es rica en energía chi "revitalizante", con una buena mezcla de energías que pueden moverse hacia arriba, abajo y al centro. (Es liviana y fresca y el vinagre agudiza la mente.)

- Bebida: agua.

REFRIGERIO DE MEDIA MAÑANA

- Frutas secas tostadas con jugo de frutas, agua o té verde. (Las frutas secas son ricas en minerales, proteínas y aceites. El jugo de frutas es mentalmente estimulante, el agua agrega un elemento de pureza y el té verde tiene una influencia purificadora y tranquilizante.)

REFRIGERIO DE LA MEDIA TARDE

- Semillas tostadas, pasas de uvas o una porción de fruta con té de frutas o agua. (Las frutas secas y las pasas de uvas constituyen una rica fuente de minerales y proteínas. La fruta contiene vitaminas y minerales. El agua, el jugo de frutas y el té son buenos purificadores interiores.)

CENA

- Sopa de miso y algas marinas wakame, verduras de hoja y un toque de jugo de jengibre, o una sopa espesa de lentejas y verduras de raíz, aderezada con perejil y una rodaja de limón. (Esta clase de sopa es rica en minerales y las verduras están llenas de energía chi con movimiento hacia arriba que estimula la mente. El jengibre activa más aún este tipo de energía chi, mientras que la combinación de lentejas y verduras de raíz lo convierte en un plato fortalecedor de la mente. El limón y le perejil incorporan un estímulo extra.)

- Arroz integral frito con ajo, jengibre y perejil; o fideos con caldo de verduras; o fideos soja y verduras. El arroz integral brinda una energía chi estable a largo plazo, el jengibre y el ajo fritos estimulan la mente, y si se agrega perejil finamente picado, ayudará a elevar la energía chi a la cabeza. Los fideos en caldo de verduras elevan rápidamente el calor corporal y son ideales para liberar el excedente de energía chi exterior. Al freír los fideos y las verduras se incorpora energía ardiente adicional. Coma este plato de inmediato para una óptima absorción que enviará una explosión de energía instantánea a su mente.

- Verduras al vapor, blnqueadas y prensadas. (Trate de acompañar sus comidas con una orden de verduras. El mejor método de preparación es al vapor si desea concentrarse en una cosa durante un período prolongado; se recomienda blanquearlas si desea tener ideas nuevas; prensadas es preferible para una mente abierta y receptiva de nuevas ideas.)

- Pescado. (Coma diferentes tipos de pescados 2 a 3 veces por semana. Se puede agregar pescado a la sopa de miso, camarones al guiso de verduras o trozos de pescado deshidratado al caldo de fideos.)

- Fruta cruda o cocida. (Si hierve o cocina la fruta al vapor, retendrá más energía chi en el centro del cuerpo y le resultará más fácil lograr una estabilidad emocional. La fruta cruda ayuda a expandir la mente.)

- Té de manzanilla. (Esta bebida ayuda a calmar la mente y a dormir bien.)

El jengibre, una verdura de raíz, se puede conseguir fresco, seco o molido y brinda un sabor característico..

RECETAS PARA ELEVAR LA ENERGÍA CHI

> **RECETAS PARA 4 PERSONAS**

POLENTA CON JARABE

- 1 taza de polenta orgánica
- 4 cucharadas de semillas de sésamo
- jarabe de arce (para dar gusto)

Colocar la polenta en una cacerola con 4 tazas de agua fría. Llevar a punto de ebullición, reducir el fuego y colocar un deflector debajo de la cacerola. Destapar. Hervir a fuego lento durante 10-15 minutos y revolver. Agregar las semillas. Apagar el fuego y dividir en cuatro recipientes. Agregar el jarabe para dar gusto.

AVENA INTEGRAL CON PASAS DE UVAS Y SEMILLAS DE GIRASOL

- 1 taza de avena integral
- taza de pasas de uvas
- 4 cucharadas de semillas de girasol tostadas
- 1 cucharada de semillas de sésamo tostadas

Hervir la avena en una cacerola tapada. Reducir la llama, destapar y hervir a fuego lento durante una hora. Agregar las pasas de uvas. Cocinar durante otros cinco minutos, revolviendo de vez en cuando, ya que

las pasas de uvas tienden a pegarse. Apagar el fuego y dejar en reposo durante toda la noche. Calentar con cuidado por la mañana. Dividir en cuatro recipientes. Servir con las semillas.

SOPA DE MISO

- 1 tira de alga marina wakame de 8 cm
- 1 cucharada de pasta de miso (la mejor es la de cebada)
- 1 puñado de berro y 2 hojas de repollo chino, finamente picados
- 2 hojas de alga marina nori, cortadas en tiras finas
- 1/2 cucharadita de jengibre rallado
- 8 cubos de abadejo de 2,5 cm (optativo)

Remojar la tira de alga en un recipiente durante 2 minutos. Hervir 4 tazas de agua en una cacerola, y reducir la llama para hervir a fuego lento. Agregar la tira de alga. Apagar el fuego. Colocar la pasta de miso en una taza y diluirla con 2 cucharadas de agua fría. Volver a calentar el wakame. Agregar en la mezcla de miso y hervir a fuego lento durante 3 minutos. Agregar el berro y las hojas de repollo chino, apagar el fuego. Servir con tiras de nori finamente cortadas. Agregar una pizca de jengibre rallado. Si se desea incluir pescado en la receta,

agregar los cubos de abadejo con el wakame.

SOPA DE LENTEJAS

- 1 taza de lentejas verdes
- 2 tallos de apio, cubeteados
- 1 zanahoria mediana, cubeteados
- 2 hojas de laurel
- 1 cucharadita de sal
- 2 cucharadas de aceite de girasol
- 1/2 cucharadita de cúrcuma
- 1/2 cucharadita de comino
- 5 hongos shiitake frescos, cubeteados
- 3 echalotes pequeños, finamente cubeteados
- 4 rodajas de limón (como guarnición)

Lavar las lentejas en una cacerola con 3 tazas de agua tibia. Dejar en remojo toda la noche. Al día siguiente, hervir en la misma agua. Cocinar durante 10 minutos. Apagar el fuego. Colocar la zanahoria, el apio y las lentejas en una cacerola de hierro o esmaltada. Agregar las hojas de laurel. Agregar 1 litro de agua. Tapar. Llevar a punto de ebullición. Reducir la llama a mediano y cocinar durante 15-20 minutos. A la mitad de la cocción agregar la sal. Calentar el aceite, la cúrcuma y el comino. Freír durante 1-2 minutos. Agregar los hongos y los echalotes, y saltear durante 1 minuto. Verter la mezcla en la sopa. Hervir a fuego lento durante 2 minutos. Servir con una rodaja de limón.

Los hongos shiitake se pueden comprar frescos o secos.

FIDEOS DE SOJA

- 1 paquete de fideos soja cocidos
- 1 cucharada de aceite de sésamo (o aceite de sésamo tostado en invierno)
- 1 cebolla pequeña rebanada
- 1 zanahoria grande, cortada en bastones
- 2 tallos de apio cubeteados
- 4 hojas rebanadas de repollo chino
- 4 cucharadas de salsa de soja
- 2 cucharadas de jengibre rallado

Después de cocinar los fideos, escurrirlos y enjuagarlos completamente. Calentar el aceite en un wok grande o una sartén. Agregar la cebolla y freír removiendo 1 minuto, luego la zanahoria y el apio. Freír removiendo rápidamente durante 2 minutos. Incorporar los fideos y mezclar bien con las verduras. Agregar las hojas de repollo. Condimentar con salsa de soja. Retirar del fuego. Esparcir el jengibre sobre la mezcla.

El kombu, un tipo de alga marina japonesa, es muy nutritivo y sabroso.

ENSALADA DE PEPINO, REPOLLO CHINO Y RÁBANO

- 1 pepino pequeño cortado a la mitad, en rebanadas finas
- 8 hojas de repollo chino, cortadas finamente
- 4 rábanos, rebanados finamente en diagonal
- _ cucharadita de sal
- 1 cucharada de semillas de girasol

Colocar todos los ingredientes en un recipiente profundo (excepto las semillas de girasol). Espolvorear la sal y mezclar con las manos durante 1 minuto. Colocar una fuente plana encima con una jarra llena de agua y aplastar durante 10-15 minutos. Retirar la jarra, pero dejar la fuente. Apretar ambas fuentes antes de escurrir el exceso de agua. Colocar la ensalada en otro recipiente para servir. Colocar las semillas de girasol en una cacerola para tostarlas. Espolvorear y servir.

GUISO DE VERDURAS

- 1 cebolla pelada y cortada en cuartos
- 1 taza de calabaza, lavada, sin pelar y cortada en trozos grandes
- 1 zanahoria grande, limpia y cortada en trozos
- 1 taza de rábano blanco (daikon), limpio, cortado en trozos
- 5 cm de kombu cortado en tiras
- 1/2 cucharadita de sal
- 1 cucharada de salsa de soja

Colocar las verduras y el kombu adentro de una cacerola pesada. Verter el agua. Espolvorear la sal. Tapar y llevar a punto de ebullición. Poner a fuego mediano. Cocinar durante 20-30 minutos. Reducir a 1/2 taza de agua. Condimentar con la salsa de soja. Tapar y hervir a fuego lento durante 1 minuto. Servir.

ENSALADA BLANQUEADA CON VINAGRE

- 1 taza de repollo cortado en cubos de 2 cm
- 1 zanahoria lavada y cortada en diagonal en trozos de 1 cm
- 1 taza de coliflor
- 1 taza de brócoli
- 1 taza de col cortada en rodajas de 1 cm
- 1 cucharada de arroz integral (o umeboshi = condimento salado)
- vinagre

Colocar 4 tazas de agua fría en una cacerola grande tapada y hervir a fuego mediano. Sacar la tapa y poner a fuego máximo. Incorporar el repollo. Blanquear durante 1 minuto. Retirar y colocar en una fuente. Repetir con la zanahoria, la coliflor, el brócoli y la col. Dejar que las verduras se enfríen antes de rociarlas con vinagre. Servir.

INFUSIONES PARA INFLUIR SOBRE LA MENTE

INFUSIONES

La energía chi de las infusiones interactúa con la energía chi que contiene el agua del cuerpo. Éste tiene más del 70 % de agua, y es por eso que las infusiones son herramientas de curación muy efectivas, y el agua caliente de buena calidad es terapéutica en sí misma. En la medicina oriental, el sistema digestivo está muy ligado a la mente, y los hombros actúan como punto de apoyo o punto de equilibrio. Por lo tanto, una mala digestión aumenta el riesgo de rigidez y dolores de cabeza. Las infusiones tienen un poderoso efecto sobre la digestión ya que su energía chi puede "lavarnos" con relativa facilidad. El té de bancha reduce la acidez y la flojedad, facilita la digestión y el tratamiento de dolores de cabeza de las resacas y relacionados con la tensión. Úselo para mejorar la concentración y la memoria. El té de limón lo ayudará a agudizar y activar la energía chi mental. El té de raíz de kuzu dulce bajará su energía chi, tranquilizando la mente para poder relajarse y dormir.

Al elegir el tipo de infusión adecuado se puede absorber la clase de energía chi que ayudará a superar un problema específico. Por ejemplo, al observar las ramas bien definidas de perejil se advierte que contienen energía chi con movilidad ascendente y hacia afuera, excelente para estimular y clarificar la mente. Esta estructura refleja la beneficiosa influencia que tiene esta infusión sobre la energía chi mental. El té de raíz de kuzu es ideal si desea bajar un poco de energía chi de la cabeza, encontrar un poco más de paz mental o tomarse un descanso mental. Tiene una intensa energía chi con movilidad descendente, lo cual resulta excelente para eliminar energía chi de la cabeza y facilitar el sueño. Beba té de shiitake y daikon secos para purificar la mente de emociones negativas o de pensamientos oscuros y desagradables.

Las infusiones calientes ayudan a obtener más energía chi del tipo activo, con flujo libre y que se expande fácilmente en el interior. Los líquidos tibios estimulan el cuerpo para que se abra y se relaje, facilitando la absorción. Beber líquidos fríos puede tensionar el cuerpo y dificultar el ingreso de energía chi..

RELAJACIÓN LÍQUIDA
Las bebidas calientes, como las infusiones, ayudan a absorber la clase de energía vivificante, ascendente y movilizadora que se expande por el interior y ayuda a la relajación.

INFUSIONES TERAPÉUTICAS

Para obtener los mejores resultados de estas infusiones curativas, limite el consumo para cuando sea necesario, ya que son menos efectivas si se abusa de ellas, y quizá no funcionen cuando realmente las necesite.

TÉ DE PEREJIL

- 1/2 taza de perejil finamente picado

Colocar el perejil en una cacerola pequeña y agregar una taza de agua fría. Hervir a fuego lento durante 10 minutos. Colar y servir. La energía chi ascendente del perejil se elevará a la cabeza estimulando y movilizando la energía que hay en ella. Lo mejor es beberlo a la mañana durante un mes.

TÉ DE RAÍZ DE KUZU DULCE

- 2 cucharadas de kuzu en polvo
- 1 cucharada de jarabe de arroz integral (o de malta de cebada)

Verter 1 taza de agua fría en una cacerola pequeña. Llevar a punto de ebullición. Disolver el kuzu en polvo en una taza con un poco de agua fría. Agregarlo al agua en ebullición de la cacerola y revolver para evitar los terrones hasta que espese. Colocar el jarabe de arroz en otra taza y verter la mezcla de kuzu caliente sobre él. Revolver y beber tibio. Beber 1 taza todas las mañanas durante 1 semana.

TÉ DE LIMÓN

- 1 cucharada de jugo de limón
- 1 cucharadita de jengibre rallado

Exprimir el jugo de limón en una taza y verte agua hirviente sobre él. Si se desea una bebida mentalmente más estimulante, agregar jengibre a la mezcla. Revolver y beber tibio.

TÉ DE BANCHA UMEBOSHI

- 3-4 ramitas de kukicha/bancha
- 3/4 -1/2 ciruela umeboshi (depende del tamaño)
- 1/2 cucharadita de salsa de soja

Preparar el té mediante la infusión de las ramitas de kukicha/bancha en una pava con agua hirviente durante 5 minutos. Colocar la umbushi y la salsa de soja en una taza. Verter el té de bancha caliente. Beber tibio, 1-2 tazas por día durante 2 días.

TÉ DE SHIITAKE Y DAIKON SECO

- 1 hongo shiitake seco mediano
- 1/2 taza de daikon seco
- 3-4 gotas de salsa de soja

Remojar el hongo en 3 tazas de agua durante 10-15 minutos hasta que esté blando. Cortar y sacar el tallo antes de rebanar. Colocar el hongo y 1 taza de agua (incluyendo el agua de remojo) en una cacerola con el daikon seco. Hervir a fuego lento durante 10 minutos. Agregar la salsa de soja y apagar el fuego. Dejar 2 minutos, colar y servir. No excederse de 1 taza por día durante 4 días.

ALINEACIÓN CORPORAL

Las tensiones y esfuerzos provocan que el cuerpo pierda la alineación. Por ejemplo, un hombro puede estar más alto que el otro, o una pierna puede parecer más corta cuando está acostado. Estas distorsiones son provocadas por los músculos, los tendones o los ligamentos que tratan que el cuerpo vuelva a adquirir su forma. Ellos también afectan el flujo de energía chi y cómo nos sentimos. Creo que al volver a alinear el cuerpo se relajan los músculos, tendones y ligamentos tensionados, y los ayuda a trabajar mejor, y este equilibrio también impacta sobre la estabilidad de las emociones.

EL TRATAMIENTO

Los desequilibrios son fáciles de verificar y tratar. Túrnense de manera que usted y su compañero se beneficien con el tratamiento. Pídale que se acueste boca abajo, apoyando la frente sobre el revés de las manos. Asegúrese de que su compañero esté cómodo y respire con facilidad. Si tiene el cuello tensionado, coloque un almohadón debajo del pecho. Arrodíllese o párese junto a los pies de su compañero. Sostenga ambos tobillos para ver los huesos del interior 1 (desalineados). Levante los tobillos y empújelos hacia usted. Asegúrese de que las piernas estén alineadas con la columna vertebral. Compare los dos

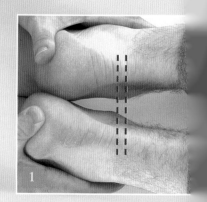

astrálagos, uno de los cuales parece estar más bajo. La pierna que parece "más corta" refleja tensión de ese lado del cuerpo. Siéntese o arrodíllese junto a la cabeza de su compañero, del lado de la pierna "más corta" para investigar la fuente de la tensión. Se puede encontrar en las caderas, en la espalda, y en el cuello.

■ CONSEJO DE SIMON

Estos ejercicios se basan en aplicar la fuerza suficiente para lograr una clara conexión de energía chi, pero no tanta como para afectar el tejido blando. Practique esto relajando una de las manos. Con el pulgar de la otra mano toque el montículo muscular que se encuentra entre el pulgar y la muñeca. Realice un contacto suave de manera que pueda rotar el pulgar sin friccionar o retorcer la piel de la mano. Repita con el otro pulgar.

También debe practicar buscando el borde elevado de la base del cráneo. Le recomiendo que lo practique en usted mismo antes de hacerlo en otra persona. Coloque los pulgares en la parte trasera de la cabeza y deslícelos por los huesos de la base del cráneo. Trabaje por la acanaladura hacia adentro y hacia fuera, y busque una depresión en la parte exterior de los dos músculos de atrás del cuello. Si le cuesta encontrarla, incline la cabeza hacia adelante y levántela para que estos músculos se tensen y aparezcan.

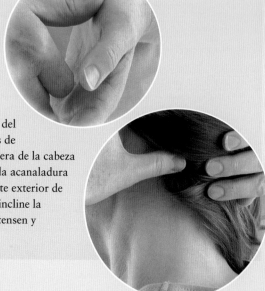

2

pierna "más corta". Busque una depresión en la mitad de la nalga. Coloque el pulgar en ella y rótela 90° **2**. Vuelva a verificar los tobillos de su compañero **3** (alineados). Si advierte una mejoría, continúe realizando un leve contacto en el mismo punto. Si estas manipulaciones no producen un cambio notable, trabaje en ambos puntos, uno

3

Recorra con la punta de sus dedos la base del cráneo siguiendo el contorno desde el centro hasta atrás de las orejas, donde hay una depresión (ver consejo de Simon en la página opuesta). Coloque el pulgar sobre ella y rótela 90° aplicando una presión mínima.

Regrese a los tobillos de su compañero para ver si se produjo algún cambio. Si parecen más parejos, continúe trabajando en el punto de atrás del cráneo, realizando un contacto mínimo e introduciendo energía chi en su compañero. Si no hay mejoría, siéntese o arrodíllese cerca de las nalgas de su compañero, junto a la

después del otro. Observe la respiración de su compañero mientras sostiene el punto durante varios minutos. Después de 30-60 segundos respire más profundo para ver si esto provoca una respiración más libre en su compañero. Mientras continúa sosteniendo el punto, su compañero puede acomodar la posición o experimentar alguna reacción de liberación emocional como un suspiro o un bostezo.

Mantenga el contacto, suéltelo una vez que se haya calmado. Vuelva a verficar los tobillos cuando la respiración se haya regularizado. Ahora ambas piernas deberían tener el mismo largo, y la respiración debería ser pareja. Pídale a su compañero que se acueste de espalda, apoyando la cabeza en el talón de sus manos. Busque la acanaladura de la base del cráneo **4**. Realice un contacto suave con la piel del borde del hueso. Imagine penetrarla sin una verdadera presión física. Sincronice su respiración con la de su compañero antes de canalizar su energía chi a través de los dedos. Continúe durante un minuto antes de soltar los dedos y retirar las manos de abajo de la cabeza. Su compañero puede sentir una leve pulsación en la parte baja de la espalda.

4

LIBERAR LA ENERGÍA CHI DE LA MENTE

ACUPRESIÓN

Una mente sonora sólo puede existir en un cuerpo sonoro. Si la energía chi queda atrapada, puede producir estancamientos de la perspectiva y el estado de ánimo mental. Doce meridianos canalizan la energía chi asociada con distintas emociones en diferentes partes del cuerpo. Como mencioné con anterioridad, a lo largo de cada meridiano existen puntos especiales de acupresión, conocidos como tsubos, donde la energía de ese meridiano se puede cambiar o relajar. Trabajar con la cabeza puede liberar la energía chi atrapada en otras partes del cuerpo.

Libere esta energía chi atrapada trabajando sobre los puntos de acupresión que están relacionados con meridianos específicos del cuerpo. Hacer esto

ESTIMULAR LOS PUNTOS DE ACUPRESIÓN DE LA CABEZA

1 Apriete con los dedos la acanaladura que se encuentra abajo de las cejas (E). Trabaje esta zona desde el interior hacia las sienes con los dedos y los pulgares (G).

2 Utilice los dedos para explorar las cavidades de la sienes. Empuje contra los bordes de estas hendiduras (G). Trabaje hacia abajo por la zona exterior de los pómulos (H). Exhale su propia energía chi a través de los dedos y en su cabeza para que la energía se mantenga en constante movimiento.

3 Desde las sienes, mueva los dedos hacia las cuencas inferiores de los ojos (A).

4 Baje los dedos hacia la nariz. Frote los pliegues donde ésta se une con los pómulos. Baje los dedos hasta que presionen contra las fosas nasales (D). Presione en las hendiduras para liberar la energía chi inactiva.

5 Lleve los dedos desde las fosas nasales en forma horizontal hasta abajo de las cuencas de los ojos. Presione en esta cavidad (B).

6 Desde debajo de las cuencas de los ojos lleve los dedos hasta que se encuentren frente a las orejas (H).

7 Apriete la mandíbula para localizar la cavidad en la que el mentón se une con el cráneo. Relaje la mordida. Hunda los dedos en esa cavidad (F). Desde las orejas trabaje a lo largo de la mandíbula y el cuello usando los dedos y los pulgares (C).

8 Coloque las manos atrás de la cabeza, con los pulgares en la base del cráneo (I), y los dedos en la parte superior de la cabeza. Trabaje en la base del cráneo hasta que llegue a la parte trasera de la mandíbula.

con regularidad evita que la energía chi se retarde en estas zonas, lo cual aumenta el riesgo de dolores de cabeza.

Utilice los dedos para masajear y liberar la energía chi aprisionada. Cuando haga esto, se familiarizará con todas las cavidades y hendiduras útiles para localizar los diferentes tsubos. Los beneficios incluyen una mente más clara, libre e iluminada.

Abajo, le muestro cómo cambiar su energía chi usando tsubos específicos de la cabeza. Presione en cada uno seis veces mientras exhala repetidamente para canalizar la energía chi hacia la zona afectada. Sugiero que trabaje los tsubos de ambos lados, izquierdo y derecho (si presiona un punto del lado izquierdo, presione el mismo punto del lado derecho).

TERAPIA *TSUBO*

Sugiero que movilice el flujo de energía chi por el cuerpo para liberar la mente concentrándose en la ubicación y funciones de los siguientes tsubos importantes. Aplique presión utlizando los pulgares o las puntas de los dedos para estimular estos puntos cruciales a lo largo de los meridianos del cuerpo.

EL GRAN ELIMINADOR: INTESTINO GRUESO 4
(Para dolores de cabeza, dolor de dientes y la liberación de pensamientos negativos)

Presione el montículo carnoso que se encuentra entre el dedo pulgar y el índice. Masajee la longitud del hueso que baja por el dedo índice hasta la depresión que se encuentra a mitad de camino entre la articulación y el nudillo. Utilice el pulgar para apretar la carne adyacente, y mantenga los otros dedos juntos atrás para poder presionar contra ellos. Un dolor intenso indicará la ubicación del tsubo. Frote este punto en círculos pequeños para liberar endorfinas, las eliminadoras naturales del dolor. Inhale antes de presionar en este punto para romper los patrones de pensamientos negativos.

LAGO DE ENERGÍA EN LA ESQUINA: INTESTINO GRUESO 11
(Para dolores de cabeza y fiebres)

Doble el codo a 90° y ubique el último pliegue. Presione con firmeza la articulación, mientras incorpora energía chi para activar este tsubo.

PUERTA INTERIOR: GOBERNADOR CORAZÓN 6 (Para ataques de ansiedad)

Coloque el pulgar en el centro de la muñeca y deslícelo 3 dedos hacia arriba entre los dos tendones. Presione con firmeza, acercando y alejando el pulgar de la muñeca hasta que llegue a un punto que provoque un dolor agudo. Respire lentamente. Presione el pulgar en este tsubo durante toda la exhalación.

PALACIO DEL AGOTAMIENTO: GOBERNADOR CORAZÓN 8
(Para aliviar la tensión y la fatiga mental)

Sostenga una mano con el pulgar de la otra en el centro de la palma y los otros dedos juntos atrás. Presione en forma circular esta zona con el pulgar para ubicar un punto que produce un dolor sordo. Presione profundamente mientras exhala.

PUERTA DEL CORAZÓN: MERIDIANO DEL CORAZÓN 7 (Para la histeria)

Doble la muñeca hacia usted. Deslice el pulgar desde la prominencia principal hacia el dedo meñique hasta localizar el borde interior de una prominencia pequeña. Mantenga la muñeca relajada mientras presiona con firmeza este tsubo.

BIENVENIDA FRAGANCIA: INTESTINO GRUESO 20
(Para nariz bloqueada y relajar el rostro)

Coloque un dedo índice a cada lado de las fosas nasales. Presione contra los pómulos y deslícelos hasta que encuentre una depresión. Presiónela. Si tiene la nariz bloqueada, deslice los dedos en forma horizontal hacia las orejas siguiendo el contorno de los pómulos.

ESPACIO VACÍO EN EL HUESO: ESTÓMAGO 3 (Para cavidades bloqueadas)

Deslice el dedo mayor desde las cuencas de los ojos hasta la base de los pómulos, donde hay una cavidad, y hasta que estén alineados con las fosas nasales. Realice círculos alrededor de estas cavidades hasta encontrar los tsubos por donde ingresar energía chi.

PISCINA VENTOSA: VESCÍCULA BILIAR 20
(Para dolor en la parte posterior de la cabeza y molestias en los ojos)

Busque la depresión en la base del cráneo con los pulgares. Mantenga las palmas abiertas y los dedos cerca de la parte superior de la cabeza mientras desliza los pulgares hacia fuera a lo largo de los tendones que están abajo del borde inferior del cráneo. Incline la cabeza hacia delante y levántela. Presione suavemente en las dos cavidades del borde exterior de estos tendones utilizando las puntas de los dedos para activar estos tsubos.

MAGNÍFICA VERTIENTE: HÍGADO 3
(Para dolores de cabeza en las sienes y vértigo)

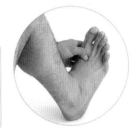

Busque la cavidad que se encuentra entre el dedo pulgar y el segundo del pie. Comience por la piel de la base de los dedos y deslice el pulgar hacia atrás hasta el borde de la acanaladura que marca el tsubo. Realice pequeños círculos e imagine que está esparciendo energía chi.

EN LA MONTAÑA: VEJIGA 57 (Para dolores en la parte trasera de la cabeza)

Deslice el pulgar por el músculo de la pantorrilla hasta una depresión en el centro. Ésta debe ser la parte más gruesa del músculo, un tercio hacia abajo en la parte trasera de la pantorrilla. Presiónela. Active la energía chi presionando con firmeza este tsubo.

DESPEJAR EL ESPACIO MENTAL

La energía chi del exterior interactúa con la energía chi de su mente, y de acuerdo con la calidad de esta interacción, el pensar con claridad le resultará más fácil o más difícil. Para tener grandes ideas y audaces es necesario tener un espacio considerable arriba y alrededor de la cabeza, para que la energía chi se expanda y permita explorar todas las posibilidades. Si una habitación es estrecha, tiene demasiados muebles o está desordenada, la velocidad y dirección de la energía chi mental se verá restringida, producirá pensamientos más sofocantes y la sensación de que sus opciones son limitadas.

Al crear una atmósfera ideal para poder pensar podrá tener mejores ideas, mejorar la concentración y experimentar una mayor creatividad mental. Si es posible, busque un espacio amplio y ordenado para poder plasmar sus pensamientos en forma adecuada. Para mí, el lugar perfecto es un espacio con energía chi renovada, con flujo libre y que esté expuesto a la luz natural y al aire puro y limpio. Si la energía chi de su espacio está estancada, endurecerá los procesos del pensamiento y le dificultará tener una razonamiento claro, positivo y decisivo. De manera similar, si la energía chi que lo rodea estuvo atrapada durante un tiempo en el mismo lugar, y es vieja y con un movimiento lento, carecerá de la energía vibrante que requieren los repentinos destellos de inspiración.

También pueden utilizarse espacios públicos para pensar de manera creativa. Aproveche al máximo el espacio que lo rodea: visite lugares que tengan el ambiente ideal con la energía chi necesaria para inspirar ideas exitosas, puede ser una iglesia, una biblioteca, un museo, salón de entrada de un hotel o un bullicioso café.

LUMINOSIDAD

Los espacios con aire puro y luz natural, como los patios y jardines de invierno, están llenos de energía chi refrescante, alentadora. A diferencia de los sótanos o habitaciones oscuras, ésos son lugares selectos para la clase de pensamiento constructivo que acrecienta la concentración necesaria para obtener respuestas vitales.

LIMPIEZA DE PRIMAVERA

La forma más rápida de energizar su chi mental es mejorar el contenido de energía de su espacio vital a través de una limpieza, preparación y arreglo completo. Realice su limpieza de primavera una vez al año para evitar que se acumule energía chi estancada y desordenada. La primavera es la época ideal para realizar esta actividad ya que el ambiente natural está lleno de sol y la energía es pura y tiene una movimiento ascendente.

Los lugares donde se juntó el polvo indican dónde está atrapada la energía. Cuando realice la limpieza de primavera, saque todo en esos lugares y limpie bien todos los rincones oscuros con un paño para reanimar la energía inactiva. Limpie toda la suciedad y el polvo de la habitación. Sugiero que realice esta limpieza en un día seco y soleado cuando la atmósfera es naturalmente refrescante y animadora. Mantenga todas las ventanas abiertas para permitir que la energía chi vivificada vuele a través de la casa. Recomiendo que elimine el desorden, ya que es uno de los obstáculos principales que restringe el movimiento y el impulso de la energía chi.

Un ambiente desordenado nos hace sentir confusos, sin motivación y sin pensamientos inspiradores. Mientras realiza la limpieza de primavera se iniciará una limpieza mental paralela equivalente: su mente comenzará a descartar los pensamientos e ideas opacos que le impiden encontrar las respuestas que busca.

Si tiene un jardín o una terraza, saque sus pertenencias al sol y expóngalas a los elementos. Esto es muy importante con las cortinas, alfombras, sábanas, manteles, ropa de cama y almohadones, propensos a acumular polvo y energía chi estancada y agotada.

Después de haber sacado todo para tome aire, lave las alfombras, ya que ellas acumulan la mayor cantidad de polvo y energía chi estancada. También resulta muy útil lavar las paredes de su hogar con una esponja o un paño húmedo.

MINIMIZAR EL DESORDEN

El desorden en una habitación atrapa el movimiento de energía chi y la mantiene confinada en algunos lugares durante largos períodos. Esto conduce a la obstrucción, lo cual dificulta quebrar los patrones de pensamientos repetitivos que no son beneficiosos. Si quiere liberar su mente de pensamientos inútiles, tire cualquier posesión que esté relacionada con este tipo de negatividad.

Cuando haya terminado con la limpieza de primavera, es el momento adecuado para pensar en qué posesiones quiere conservar antes de colocar todo en su lugar.

El desafío más grande al deshacerse de lo que no quiere es separar lo que realmente necesita de lo que se interpone en su camino. Algunos objetos tienen un gran valor sentimental, y pueden constituir un importante vínculo con el pasado como así también ilustrar a sus nietos. Si no está seguro acerca de deshacerse de algo, guárdelo en custodia en una caja o un cajón. Si descubre que lo necesita, sáquelo. El recuerdo se debe guardar sólo si tiene valor a largo plazo.

Si puede, evite comprar artículos por antojo cuando en realidad no los necesita. En mi opinión, es mejor tener pocas cosas que sean realmente significativas que gran cantidad de elementos mediocres.

RITUALES PURIFICADORES

Después de limpiar y ordenar físicamente su hogar, energice su espacio vital de un modo más espiritual a través de una purificación mental. Modifique el ambiente de su habitación irradiando pensamientos positivos a través de su energía chi mental. Concéntrese y medite en qué trata de lograr. Cada vez que exhale, imagine que está liberando pensamientos positivos para cubrir todas las superficies de la habitación.

Repicar una campana o hacer sonar un tam-tam son rituales de purificación efectivos que pueden mejorar la forma en que se irradia energía chi a los alrededores. Cuando las ondas sonoras se expanden por el aire, transportan energía chi y remueven suspensiones obstructoras durante el proceso. Si siente que la energía de su habitación es "chata", tome una campana de mano y hágala repicar en cada rincón y cada lugar donde se acumule el polvo. Tenga una campana a mano y hágala repicar cada vez que tenga un pensamiento o un sentimiento que quiera alejar. Alternativamente, bata las palmas con intensidad mientras respira rápida y profundamente para acelerar el movimiento de energía chi.

Siéntese o arrodíllese frente a una vela encendida y proyecte en la llama todas las cosas positivas que quiere lograr dentro de ese espacio. Canalice su energía chi en la raíz de la llama cada vez que exhala. Concentre sus pensamientos en el brillo de la vela y utilice su energía radiante para esparcir su energía chi mental en la habitación.

Al igual que la proyección de sentimientos positivos en un espacio mejora la calidad del ambiente circundante, llenarlo de pensamientos negativos e improductivos crea un ambiente deprimente.

Evite discusiones acaloradas en los lugares cerrados que sean especiales para usted. Si está por discutir con su pareja salga del lugar para lograr un cambio rápido de energía que los calmará a ambos.

De vez en cuando, limpie la energía chi de su espacio vital esparciendo sal en el piso antes de acostarse. La sal absorbe la energía negativa y permite que ingrese energía chi nueva, fresca. A la mañana, aspire o barra la sal para liberarse de esta concentración de energía chi negativa.

Repita este procedimiento varias veces hasta obtener una atmósfera purificada, donde pueda pensar y operar con claridad. Este poderoso proceso es más intenso si se combina con técnicas de meditación, repicar de campanas o batir de palmas.

Si experimenta dificultades en la vida y nada parece salir bien, mantenga su espacio vital libre de estos sentimientos perturbadores saliendo a caminar con regularidad para lograr un cambio de paso. Durante sus caminatas al aire libre, tome diferentes tipos de energía del exterior para regresar sintiéndose animado y energizado.

EL LUGAR DE TRABAJO

Si trabaja en forma independiente o administra un trabajo en su casa, es muy importante realizar un buen uso de este espacio para poder pensar en forma creativa y constructiva. Coloque los objetos que utiliza con frecuencia en su trabajo en lugares que sean visibles y estén al alcance de la mano. Guarde los elementos que usa ocasionalmente en cajas o recipientes bien etiquetados, donde pueda volver a guardarlos fácilmente cuando haya terminado de usarlos.

Propóngase crear un almacenamiento funcional, que sea fácil de limpiar y con los elementos accesibles. Antes de decidir qué clase de elementos para almacenamiento comprar o construir, catalogue los elementos que debe almacenar, tome nota de la frecuencia con que los usa y el tipo de almacenamiento posible dentro del espacio de trabajo.

EXPANDIR LA MENTE

MEDITACIÓN
VISUALIZACIÓN

La concentración, definida como la habilidad de aplicar la mente a una cosa sin distraerse, aburrirse o soñar despierto, puede ser mejorada en términos de la energía chi del presente, para anclarse en el momento y permanecer en el presente.

Al estar sintonizado con la energía chi circundante se siente una intensa sensación de estar conectado con el mundo. Si adquiere el hábito de "vivir el día" será capaz de dedicarse a las cosas por completo sin distraerse con pensamientos del pasado o el futuro. La clave para vivir aquí y ahora es considerar las cosas más simples como extraordinarias. Entrene su mente para observar los pequeños detalles de la vida y sus pecualiaridades, y tómese su tiempo para observar, investigar y estudiar lo que lo rodea de un modo que le llame la atención una y otra vez. A muchos de nosotros nos resulta más fácil concentrarnos en una actividad competitiva o desafiante. Resulta mucho más difícil mantener un estado de concentración aguda de un modo tranquilo y controlado.

Además del tai chi mencionado en las páginas 36-37, existen otras formas de lograr una concentración profunda. Primeramente, acérquese al momento presente deteniéndose y formulándose preguntas relacionadas con la tarea que está realizando. En segundo lugar, utilice los cinco sentidos para ver, sentir, oler, oír, y si es posible, gustar la experiencia.

CONSEJOS PRÁCTICOS PARA LA MEDITACIÓN

Siéntese, arrodíllese o párese cómodo. Mantenga la espalda derecha para que todos los chakras de abajo del Chakra de la Coronilla estén alineados en forma vertical. En esta posición resulta más fácil cargar los siete chakras con energía chi renovada. Use ropa de algodón suelta o medite desnudo para que el cuerpo entre en contacto de inmediato con la energía chi circundante.

Apoye las manos sobre las piernas, con las palmas hacia arriba para interactuar con la energía chi circundante. En cualquier posición que se siente abra las palmas para mejorar el flujo de la energía. Mantenga la espalda derecha, pero relajada y evite cualquier rigidez.

Concentre la atención en su respiración para entrar en un estado de meditación profunda. La meditación es una forma efectiva de entrenar la mente para desarrollar fuerza, claridad y comprensión. Cuando se relaje, sentirá que la respiración es más superficial.

*PUNTOS DE
CONCENTRACIÓN
Una mente agitada se
puede tranquilizar mirando
fijamente un objeto, como
por ejemplo una vela. Con
una práctica repetida, este
simple acto de
concentración ayudará a
reprimir el flujo de
pensamientos no deseados.*

MEDITACIÓN CON UNA VELA

Estos ejercicios de meditación profunda mejoran el acto de concentración utilizando un objeto, por ejemplo una vela, como punto de focalización. La meditación con una vela es un buen punto de partida para entrenar su mente para sesiones contemplativas más prolongadas. Elija un lugar en el que sus ojos no tengan distracciones y sólo contemplen la llama de la vela. Encienda el pabilo y coloque la vela frente a usted, con la llama a la altura de los ojos. Colóquela hacia el norte si desea absorber un tipo de energía chi más tranquila durante la práctica o quiera dormir después de la meditación.

Siéntese y respire lenta y profundamente, sintiendo el efecto del aire que ingresa y sale del cuerpo a través de la nariz, la garganta y los pulmones. Sienta la frescura del aire que entra en la inhalación y la tibieza en la exhalación.

Dirija la mirada a la vela y observe la llama. Deténgase para advertir la forma, los bordes, el movimiento y la forma en qué cambia el color desde la base hacia el centro y hasta la capa exterior. Formúlese preguntas que llenen su mente de curiosidad y asombro. Mientras profundiza el estado de meditación, busque la forma de mantener el interés y la atención exclusivamente en la vela.

Si comienza a perder la concentración, descentre la mirada en la exhalación y llene la mente de pensamientos en la inhalación. Formúlese preguntas sobre temas de su interés. Indague su mente con una pregunta relevante, relájese, medite sobre la llama que tiene enfrente y vea si la respuesta entra en la mente. También preste atención a cualquier idea que aparezca en su cabeza en este momento. Cuando esté preparado, comience a salir del estado de meditación.

Busque un objeto o un punto en la habitación que se encuentre a una altura cómoda para su mirada y pueda llamar su atención. Concéntrese en él. Cuando su concentración aumente, comenzará a pestañear con menos frecuencia.

Al principio, la sesión durará unos segundos, pero una vez que haya entrenado y disciplinado su mente en los sedantes métodos de la meditación podrá contemplar varios minutos por vez.

VER E INTERPRETAR EL AURA

El mismo principio básico que se aplica en la meditación con velas caracteriza la habilidad para experimentar el aura propia o de otro, y el campo de energía chi exterior. Busque un compañero para el siguiente ejercicio. Pídale que se pare frente a una pared o fondo blanco.

Prepárese mentalmente entrando en un estado de relajación utilizando la técnica de meditación explicada en la página 77. Comience mirando a su compañero. Desvíe la mirada hacia la base del cráneo. Fije la mirada en el punto en el que el borde de la cabeza se une con el fondo blanco hasta que la visión comience a ser borrosa.

Recorra con la mirada el borde de la coronilla de su compañero. Suavice la mirada y concéntrese en un punto medio entre la cabeza y el fondo blanco. Relájese y mantenga la mente centrada en la periferia de la cabeza de la otra persona. Eventualmente, debería ver una niebla tenue alrededor de la misma. Si repite este ejercicio varias veces, o es constante con su práctica, podrá ver las distintas formas y colores en el aura de su compañero, y utilizar estas señales para comprender sus niveles de energía. Por ejemplo, un matiz amarillo dorado en general indica buena salud. Un color naranja o rojizo sugiere que la energía chi interior está demsiado activa, mientras que un tinte azul o verde está asociado con una energía chi debilitada en el cuerpo. Observe si la energía chi de su compañero está distribuida en forma pareja o se extiende más en unos puntos que en otros. Los lugares alrededor de la cabeza en los que el aura tiene más radiación indican la presencia de una energía chi intensa. Esto se puede deber a una excesiva actividad de energía chi, una liberación de energía reciente o simplemente una falta de habilidad para contenerla.

Los colores turbios o tenues y una baja radiación sugieren que existe una baja actividad electromagnética, posiblemente porque su compañero está aferrandose a su energía o existe una debilidad. Este fenómeno se produce con frecuencia cuando el sujeto sufre de depresión o abatimiento.

Deberá pasar bastante tiempo detectando auras antes de poder juzgar cuáles son típicas y cuáles presentan una posible perturbación de la energía chi. El color del aura de alrededor de la cabeza de alguien puede cambiar rápidamente, así que realice varias lecturas antes de llegar a una conclusión final.

PURIFICACIÓN DE LA MENTE

Este ejercicio purifica su mente estimulando un flujo fresco de energía chi en su cabeza. Primero debe concentrarse en la energía chi del centro de la cabeza, y luego dejar que se irradie hacia la parte exterior. Esta energía liberada absorbe más energía en el camino, antes de ser expulsada a través de la piel.

Comience concentrándose en un punto en el centro de su cuerpo, como por ejemplo, el Chakra del Estómago. Genere un cuadro mental para caracterizarlo. Mantenga esta imagen en su mente durante unos segundos y visualice que enciende una vela, que esparce su luz y tibieza mientras flamea.

Mientras visualiza esta luz que emana y siente la tibieza que se irradia, imagine que cada célula de su cuerpo adquiere un color dorado mientras se impregna con el brillo. No apure esta secuencia y tómese su tiempo para cada detalle para evitar la desconcentración.

Una vez que esta luz mental llegue a la piel que cubre su cabeza, imagine dardos de luz que salen de su cabeza y una luminosa explosión en la atmósfera. Repita esta parte hasta que haya eliminado la energía chi mental estancada. No se apresure, ya que se puede cansar y poner nervioso si su energía se carga demasiado.

ESTABILIZAR LA ENERGÍA CHI EN LA CABEZA

Una de mis visualizaciones preferidas es la que ayuda a tranquilizar la energía chi mental a través de la apertura del Chakra de la Garganta, permitiendo que la energía chi de la cabeza descienda desde la cabeza hacia los centros subyacentes. Imagine que tiene las manos apoyadas en la cabeza. Sienta que las aprieta con suavidad contra el cráneo. Represente mentalmente sus manos pasando a través del cráneo hasta el cerebro. Permita que los dedos acaricien y envuelvan el centro cerebral. Incline un poco la cabeza hacia atrás y relájese mientras abre la boca y la garganta. Respire por la boca, y preste mucha atención a la sensación del aire que pasa a través del Chakra de la Garganta. Imagine la energía chi fluyendo lentamente por el cuello hacia el pecho o el abdomen para generar un brillo cálido. Repita este proceso varias veces hasta que su mente alcance el nivel de tranquilidad esperado. Los beneficios de esta técnica incluyen una mayor relajación, mejores patrones de sueño y sentimientos de satisfacción.

FENG SHUI

En el feng shui, la energía se puede dividir en los cuatro puntos cardinales de la brújula: norte, sur, este y oeste, y también en las cuatro direcciones intermedias: noreste, noroeste, sureste y suroeste. Cada tipo de energía chi se relaciona con un momento particular del día y con una estación. La forma más fácil de observarla es pensar dónde se encuentra el sol en el cielo en cada dirección. Por ejemplo, el sol sale por el este y brinda más energía ascendente y se pone en el oeste irradiando más energía concentrada. Lea las diferentes descripciones y considere qué tipo de energía lo beneficiaría si tuviera más cantidad en su vida.

Cada vez que gire a una nueva dirección en la brújula, se coloca bajo la influencia de un tipo particular de energía chi de modo que, si se expone lo suficiente, absorberá esta energía y tomará alguna de sus características. El Chakra de la Coronilla apunta hacia arriba, que es la dirección de la cual absorbemos energía con más rapidez. La forma más natural para cambiar la dirección de la energía chi es a través de la cabeza cuando duerme, y luego sentarse con la parte delantera del cuerpo mirando hacia una dirección determinada. Deberá volver sobre esto a menudo ya que las necesidades cambian con el tiempo, y se puede beneficiar con la exposición a los diferentes tipos de energía chi en distintos momentos de su vida.

SURESTE

Momento: a media mañana, cuando el sol asciende en el cielo.

Estación: fines de primavera hasta comienzos del verano.

Beneficios: estimula a ser imaginativo, creativo y receptivo. Ayuda a ser más sensible y buscar armonía con los demás.

Riesgos de exceso de exposición: aumenta sentimientos de impaciencia e irritabilidad.

ESTE

Momento: al amanecer, cuando sale el sol.

Estación: primavera.

Beneficios: estimula el deseo de iniciar nuevos proyectos. Estimula el cuidado y una mayor capacidad de concentración, el centrarse en los detalles, arreglar las cosas, analizar y ser preciso.

Riesgos de exceso de exposición: puede exacerbar sentimientos existentes de enojo y frustración.

NORESTE

Momento: al alba.

Estación: fines del invierno hasta comienzos de la primavera.

Beneficios: engendra la motivación y el empuje necesarios para aprovechar las oportunidades, ganar, competir y ser aventurero y arriesgado.

Riesgos de exceso de exposición: podría obligarlo a satisfacer su codicia manipulando a los demás.

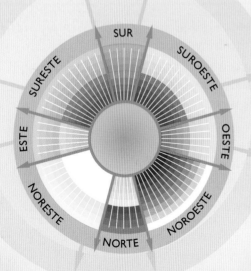

En un estilo oriental típico, el norte se muestra en la parte inferior de la rueda en lugar de la parte superior. Sin embargo, el norte aquí se corresponde con el norte de una brújula o un mapa.

SUR

Momento: mediodía, cuando el sol está en el punto más elevado del cielo.

Estación: mediados del verano.

Beneficios: aumenta los sentimientos apasionados, promueve la excitación, extravagancia, orgullo y generosidad.

Riesgos de exceso de exposición: puede conducir a sentimientos de egoísmo, lo cual provoca tensión y arranques de histeria.

SUROESTE

Momento: al atardecer, cuando está bajando el sol.

Estación: fines del verano hasta comienzos del otoño.

Beneficios: ayuda a sentir una mayor estabilidad y seguridad interior. Ideal para ser más cuidadoso, paciente y simpático con los demás.

Riesgos de exceso de exposición: puede conducir a la dependencia y los celos.

OESTE

Momento: cuando se pone el sol.

Estación: otoño

Beneficios: estimula una visión romántica y satisfactoria de la vida. Brinda la posibilidad de concentrarse en las finanzas y completar proyectos.

Riesgos de exceso de exposición: puede conducir a sentimientos de pesimismo y depresión.

NOROESTE

Momento: en el crepúsculo

Estación: fines del otoño hasta el invierno.

Beneficios: permite controlarse de una manera digna y responsable. Alientan a confiar en la intuición y actuar con sabiduría.

Riesgos de exceso de exposición: despierta una propensión a la arrogancia y dominación.

LAS OCHO DIRECCIONES

NORTE

Momento: a la noche, en plena oscuridad.

Estación: mediados de invierno.

Beneficios: aumenta el impulso sexual, la espiritualidad y la independencia. Ideal para mejorar la vida sexual y para concebir un bebé. Buena para mejorar la salud. La habilidad de autocuración y la vitalidad en general.

Riesgos de exceso de exposición: puede conducir a sentimientos de retraimiento, que pueden derivar en aislamiento.

EL FENG SHUI EN EL HEMISFERIO SUR

Algunas escuelas de Feng Shui consideran que las orientaciones norte y sur deben revertirse y otras no. Sin embargo, dado que el concepto de yin yang se relaciona con la posición del Sol, debería invertirse para el hemisferio sur. El lado más soleado, o más yang, de las edificaciones estaría al norte, y el de más sombra, o más yin, al sur. Invierta las orientaciones norte y sur, pero no modifique el este ni el oeste.

DORMIR EN LA DIRECCIÓN "ADECUADA"

Determine la orientación actual en la que duerme con una brújula. Para realizar una lectura, apunte el cuerpo de la brújula hacia donde apunta su cabeza, y mueva el cuadrante hasta que la aguja quede alineada con 0°. Registre la dirección en la cual el cuadrante queda alineado con el centro de la brújula. Lea las descripciones de abajo para descubrir qué orientaciones se adecuan más a sus necesidades.

NORTE (345° - 15°)

Orientar la cabeza hacia el norte mejora la calidad del sueño, los sentimientos de paz y de tranquilidad y producirá un acercamiento al mundo espiritual. Puede ayudarlo a sentirse más íntimo, afectuoso y sexual, pero es una energía demasiado "tranquila" para una persona joven y activa.

SUR (165° - 195°)

Cualquiera que tenga problemas para dormir, se tensiona con facilidad, es demasiado emotivo o está atravesando un momento difícil en una relación, no debería dormir con la cabeza hacia el sur. Ideal si es soltero, busca pasión y quiere llamar la atención. La energía chi, que es más activa al mediodía y a mediados del verano, es poderosa, caliente y ardiente.

ESTE (75° - 105°)

Si duerme con la cabeza hacia el este será más ambicioso y ansioso para terminar de hacer las cosas. La energía del este es activa, centrada y se corresponde con los momentos de inicio. Ayuda a despertar sentimientos de entusiasmo para comenzar el día, y puede darle ese empujón extra si tiene dificultades para levantarse de la cama. Excelente para construir su vida y llevar a cabo nuevos proyectos.

OESTE (255° - 285°)

Dormir con la cabeza hacia el oeste es beneficioso para mantener buenas relaciones y condimentar la vida sexual, ya que incrementa la vitalidad con la pareja. La energía chi del oeste combina los beneficios de un sueño tranquilo con sentimientos de satisfacción. Esta energía romántica induce a un estado de relajación y satisfacción, y es más activa en el ocaso y durante el otoño.

NORESTE (15° - 76°)

Tenga cuidado si duerme con la cabeza hacia el noreste ya que esta energía aguda y penetrante puede interrumpir un sueño tranquilo, ponerlo irritable e incrementar las pesadillas. Esta energía chi es ideal si quiere obtener un sentido de

orientación en la vida, ya que lo conduce a ser más decidido, centrado y competitivo.

NOROESTE (285° - 345°)

Dormir con la cabeza hacia el noroeste estimula un sueño prolongado y profundo. Esta energía madura puede ser restrictiva si es joven o descuidado, y será más adecuada para alguien maduro y asentado. Activa en el alba, a fines del otoño o en invierno. El noroeste brinda una energía chi asociada con el liderazgo y la responsabilidad.

SURESTE (105° - 165°)

Si se acuesta con la cabeza hacia el sureste ayudará a revivir una relación inestable o a liberar esos bloqueos en la creatividad que obstaculizan su rendimiento. La energía del sureste está asociada con el ascenso del sol y el paso de la primavera al verano. Esta energía chi se iguala a un momento de crecimiento y es útil para elevar los niveles de energía chi reducidos, así que persevere con ella si desea cumplir objetivos a largo plazo.

SUROESTE (195° - 255°)

Acuéstese con la cabeza hacia el suroeste si desea sentirse armonioso, abierto a una unión y deseoso de trabajar con gente, como así también si quiere mejorar su calidad de vida, relaciones, vida familiar, y lugar de trabajo. La energía chi del suroeste es asentada y con movimientos lentos. Sus puntos de actividad son incrementados a la tarde y a fines del verano. Úsela para ayudar a otros y para ser más práctico.

SENTARSE EN LA DIRECCIÓN "ADECUADA"

Cuando arregle el lugar donde va a sentarse, observe que la zona que quede enfrente sea abierta para permitir la expansión de la energía chi. Proteja la espalda con objetos como una pared, un mueble grande o una planta. Siéntese y coloque la brújula lejos del cuerpo. Para ubicar la dirección en la que se encuentra sentado mueva el cuadrante para que la aguja quede alineada con los 0 grados. Consulte las descripciones de abajo para verificar qué tipo de energía chi está absorbiendo desde donde está sentado, y si debería estar sentado en otra ubicación para capitalizar un tipo de energía diferente

NORTE (345° - 15°)

Siéntese mirando al norte cuando busque descanso y relajación, y anhele trabajar tranquilo. La energía chi del norte está asociada con la tranquila quietud de la noche y con el invierno. Esta energía chi induce la habilidad para relajarse, ir con la corriente y es adecuada para encontrar la paz interior a través de la meditación y otras clases de prácticas espirituales. Este tipo de energía, conocida como estimulante de la originalidad, la independencia y la objetividad, es ideal cuando uno desea salir de sí mismo y observar las cosas desde otra perspectiva.

SUR (165° - 195°)

Siéntese hacia el sur si desea sentirse más como un animal social, ya sea informalmente con amigos o cuando se divierte. La energía chi del sur, vehemente, del mediodía, activa la expresión de la individualidad y la extroversión. Este energía vibrante y

mentalmente estimulante, ayuda a mantenerse firme y a desarrollar la reputación.

ESTE (75° - 105°)

Si quiere sentirse más positivo, concentrado y seguro, con una buena autoestima, coloque la silla hacia el este. Esta energía chi es ideal si desea comenzar una carrera o convertir sus ideas en realidad ya que alienta la ambición y el entusiasmo para continuar con las cosas.

OESTE (255° - 285°)

Siéntese enfrentando el oeste cuando busque elevar el conocimiento financiero, pero tenga cuidado ya que un exceso de exposición puede conducir a gastar demasiado. El oeste es la mejor dirección para sentarse cuando uno tiene una cita ya que lo compele a sentirse romántico. Evítelo cuando se sienta abatido. Esta energía del otoño y el ocaso, lo ayudará a internalizar la energía y a sentirse satisfecho, concentrado y desahogado.

NORESTE (15° - 75°)

Elija sentarse hacia el noreste cuando esté buscando el tipo de claridad mental necesario para tomar decisiones que haya estado posponiendo. Este energía chi lo ayudará a destacarse en juegos de estrategia, y lo volverá menos insensible, rápido para aprovechar nuevas oportunidades, como así también en competitivo con veta de ganador.

NOROESTE (285° - 345°)

Si necesita ser demasiado "serio" o es dominante, evite sentarse hacia el

noroeste. Esta energía chi está asociada con el atardecer y el fin de año: perfecta cuando se quiere revisar la vida y ver hacia dónde va en el largo plazo. La energía chi del noroeste lo hará sentir lo suficientemente relajado como para que la intuición y la sabiduría natural le permitan organizarse y tener control. También hará que lo consideren una persona confiable e íntegra.

SURESTE (105° - 165°)

Lleve su silla hacia el sureste si desea soñar despierto y dejar volar la imaginación. Resulta útil cuando desee considerar sus opciones, tomar decisiones difíciles y comprometidas o enfrentar desafíos. Este energía chi del sureste es excelente si desea generar nuevas ideas utlizando su creatividad.

SUROESTE (195° - 255°)

Siéntese hacia el suroeste si su cabeza está todo el día trabajando, ya que esto le ayudará a disminuir el exceso de hiperactividad de energía chi. La energía chi del suroeste resulta útil para obtener practicidad y cumplir las tareas complejas en forma metódica. Redescubra sus pies cuando absorba esta energía de la tarde, que produce seguridad y estabilidad.

ESTIMULAR UN SUEÑO MEJOR

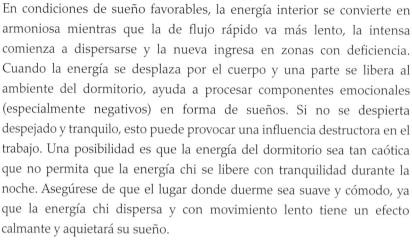

MEDIO AMBIENTE

En condiciones de sueño favorables, la energía interior se convierte en armoniosa mientras que la de flujo rápido va más lento, la intensa comienza a dispersarse y la nueva ingresa en zonas con deficiencia. Cuando la energía se desplaza por el cuerpo y una parte se libera al ambiente del dormitorio, ayuda a procesar componentes emocionales (especialmente negativos) en forma de sueños. Si no se despierta despejado y tranquilo, esto puede provocar una influencia destructora en el trabajo. Una posibilidad es que la energía del dormitorio sea tan caótica que no permita que la energía chi se libere con tranquilidad durante la noche. Asegúrese de que el lugar donde duerme sea suave y cómodo, ya que la energía chi dispersa y con movimiento lento tiene un efecto calmante y aquietará su sueño.

Ciertos rasgos de una habitación pueden contribuir a un espacio vital insalubre. Abajo presento áreas con problemas comunes que afectan de manera adversa la energía del dormitorio y brindo recomendaciones para arreglos basados en el feng shui, alternativas prácticas y ajustes.

CIELOS RASOS BAJOS Y EN PENDIENTE

Un cielo raso bajo comprime y concentra la energía chi en una habitación y no conduce a un descanso tranquilo. En esta situación, lo mejor es dormir en una cama con una base baja o un colchón fino, de modo que haya suficente espacio entre la cabeza y el cielo raso. Utilice plantas frondosas para dispersar la energía chi condensada; la superficie grande de sus hojas ayudan a proyectar y espacir la energía chi. Las lámparas de mesa o de piso crean un ambiente opresivo en la habitación. En lugar de eso, instale iluminación desde lo alto, como lámparas de pared o pequeños reflectores que reflejen la luz hacia el cielo raso.

Si duerme bajo un techo con pendiente hacia abajo concentra la energía chi hacia usted y generará un halo de energía chi densa y con movimiento lento alrededor de su cabeza. Utilice telas para retardar este crecimiento: cuelgue un dosel desde el cielo raso hasta su cama o cubra las paredes con materiales plegados.

BORDES PUNTIAGUDOS

Los muebles y accesorios con bordes prominentes y puntiagudos provocan que la energía chi realice un movimiento ascendente en espiral. Asegúrese de que ninguno que apunte directamente hacia la cama ya que le enviarían energía chi arremolinada y le perturbarían el sueño. Cierre todas las puertas de los armarios y coloque plantas, telas, moños o cuentas (abalorios) frente a los rincones agudos para suavizarlos. Si está renovando o diseñando un nuevo hogar, redondee los bordes puntiagudos.

TELAS, COLORES Y ORIENTACIÓN

La espuma y el plástico son dos ejemplos de materiales sintéticos cargados con electricidad estática que interfieren con el flujo de energía chi en una habitación. Por lo tanto, lo mejor es tener un colchón de algodón, tela de crin o paja. También asegúrese de que las sábanas, almohadas y mantas sean de materiales naturales, como de seda, algodón, lana o lino.

Estimule un sueño tranquilo con colores suaves y desaturados que pacifican la energía chi en el dormitorio. La iluminación difusa e indirecta, que se refleje desde el cielo raso hacia las paredes también suavizará el ambiente. Para llevar energía chi en forma descendente tenga mesas bajas, lámparas de piso o velas.

Si está pasando por un período de tensión y no puede dormir, cambie la orientación de la cama hacia el norte, esto traerá más energía chi tranquila, de la noche y el invierno que ayuda a tranquilizar para conciliar el sueño. Si no funciona, oriente la cama hacia el oeste o noroeste, los cuales reflejan una energía tranquilizadora del ocaso y del atardecer respectivamente.

ESPEJOS Y SUPERFICIES ESPEJADAS

Probablemente no tendrá un buen sueño nocturno si tiene espejos o superficies espejadas en el dormitorio. Los mismos reflejan y aceleran el flujo de energía chi en una habitación, lo cual lo agitará y mantendrá despierto durante la noche. Saque los espejos o cúbralos con un paño durante la noche. Los que se encuentan en el interior de los armarios no representan un problema.

CAMPOS ELECTROMAGNÉTICOS

La televisión, las computadoras y los equipos de DVD o videocaseteras irradian sus campos electromagnéticos lo cual perturba los campos de energía chi existentes, como así también la banda magnética de la Tierra. Para probar esta interferencia camine alrededor de la cama sosteniendo una brújula y observe si la aguja oscila. Aleje los cables y alambres de la cama y desenchufe los equipos eléctricos cuando no los esté utilizando.

ENERGÍA ORGÁNICA
Las plantas también pueden ayudar a retardar el movimiento de la energía chi en una habitación si se las coloca debajo de un techo inclinado donde se concentra esta energía. Los campos de energía chi de las plantas reflejarán la energía chi negativa y volverán a equilibrar los niveles de energía para crear un ambiente vital saludable del cual se puede absorber energía chi refrescante.

RITUALES ANTES DE ACOSTARSE

MEDITACIÓN
VISUALIZACIÓN

El secreto para lograr un buen sueño nocturno consiste en movilizar un poco del exceso de energía chi de la cabeza hacia el cuerpo. Esto ayudará a tranquilizar los trabajos de la mente y retardará los procesos del pensamiento, facilitando el sueño. Relajar las emociones durante el atardecer ayuda a dormir en forma más pacífica sin la incidencia de pesadillas o sueños perturbadores. Creo que éste es un buen hábito para practicar al final de cada día e iniciar el proceso de purificación que prepara la mente para la mañana siguiente.

En esta sección, describiré una serie de técnicas que lo ayudarán a beneficiarse del sueño nocturno y le brindarán una rutina para analizar qué hace diariamente sin arrastrar pensamientos morosos, arrepentimientos o dudas engañosas. Estos rituales lo estimularán a seguir avanzando al mejorar el rendimiento mental durante el día.

PENSAR EN SU DÍA

Trate de establecer una serie de tareas simples para terminar durante el transcurso del día. Esta detención le permitirá pensar a la tarde si está satisfecho con su día y, si tiene asuntos sin resolver, puede contemplarlos desde distintos ángulos para tener diferentes perspectivas. Trate de no llevar asuntos a la mañana siguiente.

Recorra el día mentalmente y tome nota de todo lo que le provocó preocupación, incomodidad o molestias. Felicítese y elógiese por todo lo que salió bien y pudo lograr. Revea aquellas personas/acontecimientos/decisiones que no lo hicieron feliz y considere cómo podría haber manejado las cosas de manera diferente. Identifique los diversos modos en que puede utilizar estos contratiempos y sacar ventaja de ellos. Este ejercicio mental lo ayudará a inculcar una sensación de conclusión antes de dormir. Práctiquelo de la manera más objetiva posible.

Sienta alivio ante la posibilidad de que existe una forma de hacer algo mejor la próxima vez. A lo lago de la historia, muchos inventos tuvieron éxito después de una serie

---

REMOJAR LOS PIES

- 1 cucharadita de sal
- 1 recipiente grande o un balde

Si tiene un sueño nocturno irregular porque tiene que ir constantemente al baño, es porque necesita bajar más energía chi hacia los pies desde el meridiano de la vejiga. Coloque agua caliente en un recipiente y agréguele sal, pruebe la temperatura antes de remojar los pies durante 10 minutos. Trate de tolerar el agua lo más caliente posible. Séquese los pies frotándolos vigorosamente, y acuéstese. Esto hará descender la energía chi.

BEBIDAS NOCTURNAS

Ingerir ciertas bebidas antes de ir a dormir ayudará a movilizar la energía chi en forma descendente desde la cabeza hacia el abdomen. Este movimiento descendente es ideal para relajarse, tranquilizar la mente y tener un buen sueño nocturno.

TÉ DE MANZANILLA
Si quiere sentirse tranquilo y soñoliento, beba té de manzanilla, que tiene un efecto tranquilizador del sistema nervioso. Para obtener un mejor efecto, utilice hojas de té orgánico, aunque el té en saquitos también servirá. Vierta agua hirviente sobre el té y déjelo reposar unos minutos. Deje que se enfríe antes de beberlo.

JUGOS DE FRUTAS CALIENTES
Beber jugo de frutas caliente, como de manzana o pera, abrirá y relajará la energía chi del abdomen, y creará un espacio en el cual podrá fluir la energía chi desde la cabeza. Si los músculos abdominales están tensos, es difícil liberar el exceso de energía chi de la mente. Llene la mitad de una taza o vaso con jugo de fruta y complete hasta el borde con agua. Vierta en una cacerola y caliente hasta que hierva. Vierta en el vaso. Bébalo tibio.

KUZU DE MANZANA

- 1/2 taza de jugo de manzana
- 2 cucharaditas de kuzu en polvo

Calentar el jugo de manzana en una cacerola pequeña. Disolver el kuzu en 1/2 taza de agua fría, y agregar más agua revolviendo constantemente para que no agrume. Agregar al jugo de manzana. Beber tibio. La poderosa energía chi, con movimiento descendente del kuzu, y la energía chi relajante, con movimiento ascendente del jugo de manzana abrirán el abdomen y estimularán el ingreso de energía chi al estómago.

de intentos erróneos, así que ésta es una poderosa forma de aprender. Aumente su sabiduría con la experiencia e intente hacer las cosas de manera diferente la próxima vez.

Prepárese para enfrentar los desafíos siguientes después de haber aprendido de los errores y descuidos anteriores.

Realice los ejercicios del "primer pensamiento del día" de las páginas 54-55. Al terminar el día, piense si se siente como lo esperaba a la mañana. Si no lo logró, analice qué debería haber cambiado para sentirse como quería. Este simple ejercicio de reflexión diaria lo fortalecerá de manera subconsciente.

MEDITAR ANTES DE ACOSTARSE

La base de un buen sueño es un colchón firme y de buena calidad. Una cama demasiado blanda o hundida no sostendrá el cuerpo en forma adecuada. Una base de madera firme tiene el doble beneficio de estar hecha de materiales naturales y de sostener bien el cuerpo.

Acuéstese en la cama y acomódese para dormir. Quizá necesite almohadones, almohadas o toallas arrolladas para apoyar partes, como la parte baja de la espalda, el cuello o las rodillas. Una toalla arrollada es un suplemento para dormir sumamente útil ya que se puede desenrollar (para que esté más floja), o arrollar (para que sea más compacta). Coloque una toalla abajo del cuello y ajuste el grosor para apoyar la cabeza y mantener el cuello estirado y recto. Coloque algo debajo de la parte inferior de la espalda para alinear el cuello con la parte inferior de la columna vertebral. Coloque almohadillas abajo de las rodillas para elevar un poco las caderas.

ESTABILIZAR LA ENERGÍA CHI ANTES DE DORMIR

1 Acuéstese con la espalda sobre el piso. Eleve los pies y doble las rodillas. Relaje los brazos, el cuello y los hombros. Despegue un poco el sacro del piso mientras inhala. Bájelo suavemente mientras exhala.

2 Inicialmente baje el sacro una distancia corta e incremente la altura en forma gradual. Repita esto varias veces antes de acostarse. Si lo desea, realice algunos ejercicios de meditación después de este ejercicio.

■ CONSEJOS DE SIMON

Este método sacude la energía chi estancada de la base de la columna vertebral. Dispersa la energía chi atrapada y la impulsa para que fluya desde la parte superior de la cabeza hacia abajo a través de la columna.

Una vez que esté completamente relajado comience a inhalar aire lentamente a través del abdomen. Concéntrese en la respiración para calmar la mente. Comience la secuencia para dormir. Cierre los ojos y concéntrese en la parte superior de la cabeza. Sienta la piel que cubre el cráneo. Cada vez que exhale imagine que la energía chi se aleja flotando. Gire los ojos en círculos y deténgase cuando estén mirando hacia abajo. Relaje la mandíbula sin abrir la boca. Elongue el cuello e imagine que toda la energía chi escapa por las articulaciones hacia el dormitorio. Eleve ligeramente los hombros y déjelos caer otra vez sobre la cama. Imagine que la energía chi es expulsada, como el polvo cuando se sacude una alfombra. Repita esto varias veces hasta que sienta que toda la tensión se evapora. Extienda ligeramente los brazos y deje que la energía chi mental fluya hacia sus manos. Abra y cierre las manos rápida y suavemente, como si estuviera expulsando esta energía por la punta de los dedos hacia el dormitorio. Repita varias veces para liberar la energía chi vieja del día. Eleve y baje los hombros en forma alternativa y realice el mismo movimiento con las caderas, para enviar una onda a través de la columna vertebral. Imagine que es una serpiente: cuando los músculos se deslizan unos sobre otros provocan que la energía chi reprimida caiga hacia el piso a través del forro del colchón. Rote el sacro subiendo y bajando las caderas y dejando que el exceso de energía chi de estas articulaciones se disuelva y salga. Elongue las piernas e imagine que la energía chi se desliza por el cuerpo hacia sus pies. Mueva los dedos de los pies y rote los tobillos para permitir un flujo libre de energía desde sus pies. Reduzca lentamente los movimientos hasta que esté en un estado de relajación completa.

VISUALIZACIÓN ANTES DE ACOSTARSE

Acuéstese e imagine un sol rojo e intenso. Observe cómo lo cruzan nubes rosas. Observe cómo el disco solar empequeñece hasta desaparecer en el horizonte. Concéntrese en este brillo rojo mientras desaparece y sienta que todo el exceso de energía chi se vierte en el ocaso. Deje que todas las frustraciones, experiencias desagradables y desilusiones se alejen.

LA ENERGÍA
Chi Y EL CUERPO

Una imaginación mental positiva actúa como un conducto efectivo para enviar y movilizar energía chi beneficiosa hacia las zonas del cuerpo propensas a la tensión, como la cabeza, el cuello, el corazón, el estómago y la columna vertebral. La moxibustión y la limpieza de la piel ayudan a tratar zonas con energía chi atrapada, mientras que el tai chi y el qi gong mantienen la energía chi en movimiento en el cuerpo. Aun la ropa que usa y los colores que lo rodean afectan la calidad de la energía chi entre usted y el medio que lo rodea. Elija entre una variedad de recetas nutritivas en energía chi para tener un cuerpo bello y saludable.

UTILIZAR LA MENTE PARA MOVILIZAR LA ENERGÍA CHI POR EL CUERPO

**MEDITACIÓN
VISUALIZACIÓN**

Si es capaz de proyectar imágenes mentales positivas, puede enviar energía chi beneficiosa a las células de las distintas partes del cuerpo cuando su mente se concentre en cada una de ellas. Busque un lugar en el que se sienta cómodo y sienta que hay una buena energía natural, ya que durante esta práctica absorberá gran cantidad de energía circundante. Elija un lugar con plantas, superficies naturales, aire fresco y mucha luz solar. Si el clima es agradable, siéntese afuera. Pruebe mis visualizaciones para curar y sintonizar su cuerpo, como una heliografía para comenzar. Una vez que se sienta más seguro puede inventar sus propios ejercicios mentales para regular y precipitar cambios en su energía chi interior.

PREPARAR EL VIAJE AL INTERIOR DE SU CUERPO

Acuéstese cómodamente de espalda. Si es necesario, coloque almohadones o toallas enrolladas debajo del cuello, la parte inferior de la espalda y las rodillas. Comience respirando lenta y profundamente con el abdomen. Coloque una mano sobre el ombligo para sentir cómo sube y baja el abdomen con cada inhalación y exhalación. Imagine que está absorbiendo energía y almacenándola en el abdomen.

Luego, familiarícese con su anatomía formulándose preguntas que sean relevantes para las localizaciones individuales (por ejemplo, qué aspecto tienen y qué sienten). Es importante registrar si las distintas zonas están relajadas, tensas, energizadas, cansadas, calientes, duras, blandas, pesadas o livianas. Cuando visite las distintas partes del cuerpo con su mente, preocúpese por una a la vez. Cuanto más permanezca en este proceso de autodescubrimiento mientras está concentrado, más intensa será la cantidad de energía chi que envía a cada célula elegida.

Para llevar a cabo los ejercicios que siguen, evoque un par de manos imaginarias en el ojo de su mente capaz de filtrarse en su cuerpo para masajear, aliviar y movilizar la energía chi en él. También cree un surtidor mental de un color cálido como el dorado, naranja, o amarillo. Mientras la mente viaja por las distintas partes del cuerpo permita que las células circundantes "absorban" este matiz.

Recuerde que siempre debe acompañar sus visualizaciones con sonidos que remuevan la energía chi a través de la vibración. Esto les brindará a las partes más profundas de su anatomía un masaje interno sutil y energizante mediante el poder de la mente y el sonido.

ESPARCIR LA ENERGÍA CHI A TRAVÉS DE LA CABEZA

Centre la atención en el Chakra de la Coronilla, que se encuentra en la parte superior de la cabeza. Imagine que la abre como una válvula para liberar el exceso de energía chi, al igual que una fuente rocía agua.

Preste atención al resto de los huesos del cráneo. Imagine que está esparciendo energía chi a través de ellos y la frente. Imagine que sostiene los globos oculares y los aprieta y suelta con suavidad con las palmas de las manos imaginarias mientras incorpora energía chi y emite un sonoro "om". Debería sentir una suave vibración debajo de los ojos.

Apacigüe la sucesión de sus pensamientos imaginando que está apagando las luces de diferentes cuartos del cerebro para descansar en la oscuridad. Deje que el exceso de pensamientos salgan de su cabeza al medio ambiente.

En el ojo de la mente mueva las manos a través de los pasajes de aire de la nariz, limpiándolos y abriéndolos para respirar más libremente. Visualice el aire soplando a través de estos canales. Relaje la mandíbula y deje que los dedos imaginarios acaricien las articulaciones para movilizar la energía chi atrapada. Si acompaña este ejercicio con "om" en tono bajo, podrá sentir la vibración de este sonido a través de los pómulos y la relajación de las cavidades nasales desde el interior de las mismas.

LIBERAR ENERGÍA CHI DESDE LA BASE DEL CRÁNEO Y EL CUELLO

Imagine que está masajeando el cerebro y sacando el excedente de energía chi del cráneo al medio ambiente. Cuando haga esto, sentirá más liviana la parte trasera de la cabeza. Contemple el cuello completamente elongado (como un acordeón), mientras las vértebras se separan para permitir que la energía chi escape. Imagine el sonido de esta energía vieja, presurizada cuando es liberada. Mientras hace esto piense en los músculos del cuello como si fueran las cuerdas de un violín, las cuales producen un sonido agudo al comenzar a desenrollarse en su cabeza. Sienta como comienzan a relajarse y el sonido agudo se transforma en una melodía encantadora. Abra el Chakra de la Coronilla emitiendo un sonido "om" en tono bajo. Cambie el tono y movilice la vibración hacia arriba y abajo de la garganta para liberar la energía chi estancada.

Imagine que los músculos de la parte superior de los hombros se elongan mientras se relajan y alargan produciendo un hermoso sonido. En este momento resultaría muy útil visualizar el sol cálido besando sus hombros con un calor curativo. Olvide las preocupaciones y responsabilidades y manténgase suspendido en este momento.

Use la mente para mover el largo de los brazos y sienta que son cada vez más livianos, como si pudieran flotar en el aire. Masajee energía chi para que penetre en sus brazos con el par de manos imginarias. Preste atención a los codos y las muñecas, ya que la energía chi puede quedar atrapada en las articulaciones. Use la mente para abrir las articulaciones y liberar la energía chi añeja. En cada exhalación imagine una llama larga de energía chi que sale de las puntas de los dedos y las calienta cada vez más.

MASAJEAR LA PARTE SUPERIOR DE LA ESPALDA

Coloque las manos imaginarias en la parte superior de un conjunto de vértebras de la columna vertebral. Comience a rotarlas para que giren unas sobre otras. Sienta que los músculos y el tejido de cada lado de la columna es más blando y flexible. Trabaje hacia la parte inferior de la columna vertebral. Imagine que toma una de las vértebras de la parte superior de la columna y la mueve hacia ambos lados de manera que la onda que produce recorre todo la longitud de la columna vertebral hasta el sacro. Sienta que cada vértebra se dobla sobre otra creando una abertura lateral por la que puede escapar la energía chi atrapada. Visualice el sonido de esta energía vieja y presurizada cuando es liberada. Masajee la columna vertebral emitiendo un sonido "ahh" con un tono muy bajo, luego elévelo a un "ohh," y termine con un "om" bajo. Sienta estos sonidos vibrando en la parte inferior de la espalda antes de ascender por la columna vertebral hasta la garganta.

En su mente, comience a rotar los omóplatos, masajeando el tejido suave de abajo, coloque los hombros hacia atrás y abra el pecho lo máximo posible. Respire profundo con el pecho, llene los pulmones y expándalos en toda su capacidad. Visualice en aire que entra y libera oxígeno en el torrente sanguíneo. Cuando exhale los sentimientos depresivos o pesados, emita un sonido "ahh" para sentir que la vibración en la caja torácica. Permita que el aire exterior "atrape" la energía de estas emociones expulsadas.

ahh

CENTRAR LAS VIBRACIONES EN EL CORAZÓN

Concéntrese en el corazón y sienta que cada latido envía sangre fresca y saludable mientras la energía recorre su cuerpo. Mientras emite un sonido "ohh" sienta este movimiento rítmico de energía chi que sale a través de la periferia del cuerpo. Experimente con el sonido hasta que logre la nota cuya vibración llegue al centro del corazón. Si está pasando por un período con problemas, use estas vibraciones para expulsar las emociones tensionantes.

Regrese al patrón de respiración normal. Con cada inhalación emita un sonido silbador mientras imagina el diafragma empujando los órganos vitales hacia abajo, apretándolos como esponjas para extraer la energía chi vieja y permitir que ingrese energía nueva y limpia. Este sonido debe originarse en la parte trasera de la garganta o en el paladar. Endurezca los músculos del abdomen para sentir el sonido en la parte superior del estómago. Capture las emociones de celos o enojo y expúlselas a través del sonido en la exhalación.

PROYECTAR ENERGÍA EN EL ABDOMEN

Proyecte mentalmente una energía cálida e intensa en el estómago. Libere cualquier presión que sienta a través del ombligo y alivie las zonas tensionadas masajeándolas con las manos imaginarias del ojo de la mente. Para lograr una relajación adicional, emita el sonido más profunda que pueda desde el abdomen y deje que las ansiedades e inseguridades se alejen flotando.

Vuelque su atención a los riñones. Sosténgalos y manténgalos calientes con sus manos imaginarias, mientras los acaricia tiernamente. Emita un sonido susurrante e imagine que los frota hasta que brillen. Aquí están localizados los temores profundos así que use esta visualización para sacarlos de su cuerpo.

LIBERAR LA ENERGÍA ATRAPADA DE LA CINTURA HACIA ABAJO

Recorra mentalmente su cuerpo hacia abajo, masajeando cualquier dolor de los huesos de la parte baja de la espalda, la cadera y la zona pélvica. Luego, concentre su atención en la parte superior de las piernas. Con las manos imaginarias movilice la energía chi local relajando los músculos y utilice sonidos imaginarios para liberar los paquetes de músculos que bajan por la parte interior y exterior de los muslos. Concentre su mente en las rodillas para liberar la energía chi atrapada en estas articulaciones y sienta que los ligamentos y tendones están más elásticos y flexibles. Fortalezca mentalmente las rótulas y sienta cómo sostienen todo el peso del cuerpo. Concéntrese en los músculos de la pantorrilla, extendiéndolos en el ojo de su mente para aumentar la elasticidad. Estírelos y masajéelos con las manos imaginarias hasta que comiencen a aflojarse. Haga salir toda la energía chi atrapada para que pueda ingresar energía chi renovada.

Después de eso, concentre su mente en los pies, los cuales sujetan la energía chi al suelo. Lleve su visión alrededor de los tobillos y luego hacia cada uno de los huesos que conducen a los dedos de los pies. Sienta que está extendiendo estos huesos e incrementando el libre flujo de energía chi. Sienta que se flexionan para abrir las articulaciones y liberar la energía chi detenida. Masajee las plantas de los pies con las manos imaginarias, mientras imagina llamas de energía chi que salen de las puntas de los dedos de los pies. Libere la energía chi a la distancia en cada exhalación.

Finalmente, imagine que está en una playa, con agua tibia bañando todo su cuerpo desnudo. Sienta olas de energía chi refrescantes que recargan su cuerpo desde la parte superior de la cabeza hasta los pies.

Cuando haya terminado de recorrer con la mente el mapa de su cuerpo, tómese unos segundos para registrar en una instantánea cómo se sintió de la cabeza a los pies. Debería sentir el cuerpo más liviano, relajado y en armonía con el mundo que lo rodea. Permanezca quieto durante 1-2 minutos para permitir que más energía chi pura fluya en su cuerpo.

MOXIBUSTIÓN

La moxibustión, un antiguo método chino de curación localizada, se utiliza en combinación con el shiatsu y la acupuntura. Este tratamiento estimula el flujo de energía chi renovada a través de la aplicación de calor en determinados puntos de acupresión.

El calor se aplica tradicionalmente en las zonas con deficiencia de energía chi en forma indirecta, utilizando palillos de hierba o moxa humeantes, del tamaño de un cigarrillo. Los métodos de aplicación directa incluyen pequeños parches de moxa adhesivos, que se pueden encender y dejar que se consuman calentando los puntos de acupresión. El palillo de moxa arrollado se sostiene cerca de la zona afectada, sobre un punto con un beneficio terapéutico particular. Esta fuente

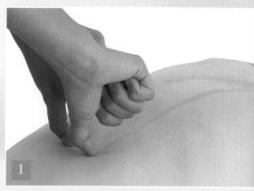

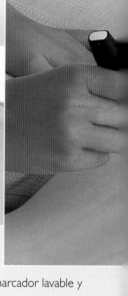

exterior de calor libera el flujo de energía en la zona. Los parches de moxibustion fáciles de usar son los autoadhesivos y también se pueden comprar. Después de recibir el tratamiento, analice cualquier cambio en su estado físico o emocional. La moxibustión resulta efectiva para aliviar dolores de espalda, cansancio o bajos niveles de vitalidad, y se puede utilizar para aliviar sentimientos de inseguridad y ansiedad.

Puede utilizar la moxibustión con un compañero, pero primero debe identificar las zonas con mayor deficiencia de energía chi, y de ese modo la ubicación adecuada para aplicar la moxibustión con resultados visibles. Túrnese con su compañero para que ambos se beneficien con el tratamiento. Necesitará un palillo de moxa, un cenicero, un recipiente con arena (para apagar los palillos), un marcador lavable y algunos papeles autoadhesivos para marcar los lugares donde aparecen las líneas más finas.

EL PROCEDIMIENTO

La persona que va ser tratada se acuesta boca abajo, con la columna vertebral totalmente expuesta. Para identificar las zonas donde la energía chi de su compañero es excesiva o deficiente, arrastre y presione la parte exterior de las uñas de los pulgares a ambos lados de la columna formando un ángulo 1. También puede realizar esta prueba en otra parte del cuerpo de su compañero para ver qué presión localizada puede tolerar.

Al realizar este procedimiento verá que aparecen dos líneas rojas en la espalda de su compañero las cuales, en algunos lugares pueden ser anchas, o finas o quizá no se enrojezcan. Una línea intensa y pronunciada indica una zona donde una gran cantidad de energía chi sube a la superficie de la piel. Una línea fina demuestra que la energía chi de esa zona se beneficiaría con un tratamiento de moxibustion Si no hay líneas existe, una seria deficiencia de chi. Marque una "x" con el marcador lavable en los lugares de la columna de su compañero donde las líneas aparezcan más finas **2**.

O pegue una nota cerca de estas

líneas. La energía chi de las distintas partes de la espalda se relacionan con órganos internos específicos y con emociones individuales (ver el cuadro de arriba). Aprenda a asociar qué órgano y qué emoción se relacionan con qué parte de la columna vertebral. Esto es crucial si las líneas "débiles" aparecen en forma constante sobre determinadas partes de su espalda o la de su compañero. Las aplicaciones deberían estar concentradas en los órganos que encuentre débiles.

De acuerdo con su estado de salud o el de su compañero, una o varias de estas zonas pueden aparecer a lo largo de la espalda. Si la línea

UTILIZAR LA MOXIBUSTIÓN SOBRE LOS PUNTOS DE ACUPRESIÓN

Activar la energía chi en líneas de meridianos específicos, estimular el bienestar en los órganos correspondientes y equilibrar los desequilibrios emocionales asociados.

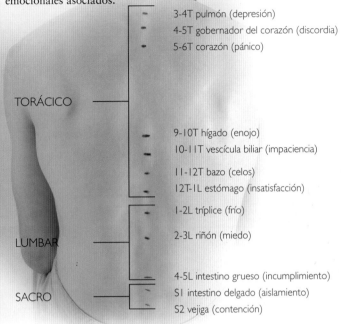

3-4T pulmón (depresión)
4-5T gobernador del corazón (discordia)
5-6T corazón (pánico)

TORÁCICO

9-10T hígado (enojo)
10-11T vescícula biliar (impaciencia)
11-12T bazo (celos)
12T-1L estómago (insatisfacción)

1-2L tríplice (frío)

2-3L riñón (miedo)

LUMBAR

4-5L intestino grueso (incumplimiento)
S1 intestino delgado (aislamiento)
S2 vejiga (contención)

SACRO

presenta distintas zonas débiles, elija las tres que sean más débiles para comenzar ya que las líneas finas desaparecen rápidamente.

Encienda el extremo del palillo de moxa y entibie cada zona sosteniendo el palillo cerca de las "x" **3**. Acerque progresivamente el extremo encendido a la piel de su compañero alejándolo rápidamente si el calor lo incomoda. Continúe hasta que la zona se enrojezca. Yo dejo la mano libre cerca del punto para poder sentir si el calor es demasiado intenso. Asegúrese de que su compañero le indique cuando sienta que es demasiado caliente. Cuando haya terminado,

deje que la piel recupere su color normal antes de repetir la prueba de las uñas de los pulgares. Cuando la energía chi comience a fluir con más armonía pueden aparecer líneas más parejas. Es común sentirse soñoliento después de la sesión.

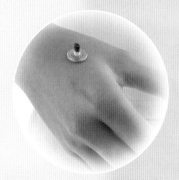

ALIMENTOS PARA UN CUERPO BELLO Y SALUDABLE

ALIMENTOS

Cada vez que consumimos alimentos, éstos definen y contribuyen a su aspecto ya que los nutrientes inevitablemente llegan a su piel. Una piel bella y tonificada es el resultado de la presencia de fibras de elastina, pero también se debe a que los tejidos puedan respirar adecuadamente. Si se acumula una capa de grasa debajo de la piel y la circulación se ve restringida, esto afectará mucho la estructura de la piel. Evite este tipo de bloqueo reemplazando las grasas saturadas de su dieta por no saturadas; consuma menos carne y productos de granja, y aumente la cantidad de pescado, frutas secas y semillas. También sugiero una ingesta diaria de aceites de buena calidad, presurizados en frío, especialmente de oliva y sésamo, los cuales retienen su estabilidad molecular cuando se los cocina. Si en lugar de eso, utiliza aceites procesados, que reaccionan al calor cuando se los cocina y liberan sus radicales libres en el cuerpo y aceleran el envejecimiento.

Los alimentos integrales, como las verduras, granos, frutas secas, semillas y las frutas, le aseguran una ingesta completa de energía chi buena, lo cual es importante si se tiene en cuenta que el alimento que se come nos llena por un tiempo reducido, pero afecta las partes más profundas de los campos de energía chi durante mucho más tiempo. Con el transcurso del tiempo, esta energía se filtra a través de la piel.

Los granos integrales incluyen arroz integral, mijo, cebada, avena, granos de trigo, maíz en chala, alforfón y espelta. Una dieta consistente en una variedad de estos alimentos integrales no sólo lo ayudará a irradiar bienestar sino que le permitirá canalizar la energía chi beneficiosa para curarse a sí mismo, mantener la buena salud y ayudar a los demás. Comer bien es un escalón para mantener la flexibilidad de los órganos, los músculos y la piel, así que elija alimentos que contengan mucha

COMER ANTES DE DORMIR

Coma el último bocado dos horas antes de acostarse para despertar a la mañana siguiente lleno de energía. Si se acuesta con el estómago vacío, su cuerpo se puede concentrar en curarse y en regenerar las células y los tejidos durante la noche sin desperdiciar sangre y energía en desmenuzar y asimilar los refrigerios nocturnos.

El sistema digestivo humano está diseñado para permitir que la atracción de la gravedad desvíe los alimentos a través de él en dirección descendiente. Por lo tanto es importante mantenerse en posición vertical después de la última comida o refrigerio del atardecer, ya que al acostarse muy pronto se corre el riesgo de retardar todo el proceso digestivo.

energía chi flexible, lo cual se advierte en su estructura física, que es elástica. El mejor ejemplo es la bardana (que se puede conseguir en los comercios de alimentos saludables y supermercados asiáticos), una verdura de raíz tan flexible que se puede doblar completamente en una dirección antes de que se enderece hacia la otra. La bardana brinda una gran cantidad de energía chi elástica a su cuerpo.

Como el envejecimiento acarrea rigidez y pérdida de movilidad, aprenda a reconocer los ingredientes que disminuyen la movilidad de las articulaciones debido al alto contenido de energía chi concentrada. La sal, las grasas saturadas (en la carne y los productos de granja) y los productos horneados secos influyen en la energía chi interior y agotan su flexibilidad natural. La piel floja, las arrugas, la dureza de las articulaciones y el endurecimiento de las arterias son síntomas de una elasticidad disminuida. Los alimentos que comemos (aunque elijamos orgánicos) y el aire que respiramos nos hacen acumular toxinas. La calidad del aire se ha deteriorado en forma considerable en los últimos 50 años, ya que para construir y amoblar los hogares modernos se utilizan más materiales sintéticos, como los plásticos, que contienen resinas y liberan humos tóxicos. Esas partículas nocivas atacan a las células de grasa del cuerpo, donde están almacenadas para no producir daños. Mejorar los habitos alimenticios, los ejercicios de respiración profunda, la actividad física y

LAS REGLAS DE LA ATRACCIÓN
Un cutis radiante, cabello y ojos brillantes, y un cuerpo tonificado son las expresiones externas del atractivo de una persona. Cuando buscamos un compañero potencial, ya sea como individuos y como sociedad, nos sentimos atraídos por la naturaleza y por los valores culturales hacia las personas visiblemente saludables para mantener una relación a largo plazo.

la limpieza de la piel ayudan a expulsar estas sustancias dañinas destruyendo las células que almacenan grasa.

Tenga cuidado con el exceso de determinados tipos de alimentos ya que pueden provocar intolerancia y pueden afectar el estado de salud general. Esto se manifiesta en erupciones, asma, dolores de cabeza y problemas digestivos. Manténgase física y mentalmente flexible exponiendo su cuerpo y su mente a diferentes tipos de energías chi a través de una dieta variada. Pruebe mis recetas exclusivamente durante 10 días para descubrir cómo se sentirá liberándose de esta clase de energía chi. No continúe con los platos si se siente débil, mareado, o cansado en cualquier momento. Incluya granos, verduras y un tipo de té diferente en cada comida. Beba gran cantidad de agua entre las comidas para eliminar toxinas. Coma platos que contengan algas marinas para ayudar a eliminar las toxinas liberadas en el torrente sanguíneo. Si usted es la clase de persona a la que no agrada mezclar granos con pescado, carne o alimentos de granja en la misma comida, o sufre de intolerancia alimenticia, combine verduras y pescado en el almuerzo, y granos y verduras en la cena. En las páginas siguientes encontrará una selección de recetas que son beneficiosas para su energía chi. La sopa de cebada es el plato de entrada ideal para sentirse más liviano ya que libera la energía almacenada, mientras que la combinación del alga marina kombu, los hongos shiitake y los rábanos convierten al caldo de soja en una sopa rica en minerales y reductira de grasas. La sopa de mijo dulce es lo último en sopas dulces, espesas y alimenticias. Los japoneses usan los buñuelos de arroz como comida para un picnic, refrigerio para un viaje o comida rápida. Los rábanos fermentados contienen la clase de energía chi que reduce las grasas y facilita la pérdida de peso. La col china fermentada o los arrollados de repollo contienen una excelente energía chi para estimular la digestión y ayudar al hígado a depurar la sangre. El té de shiitake es tan desintoxicante que se debe beber sólo una vez por semana. El té de arroz verde tostado tiene un sabor a nueces más intenso que el té verde tradicional y suministra una buena purificación interior.

CONVERTIRSE EN LO QUE SE COME

La macrobiótica, una derivación moderna de la tradicional dieta japonesa, recomienda que la energía chi del receptor esté equilibrada con la de los alimentos nutritivos que se van a ingerir.

RECETAS NUTRITIVAS PARA LA ENERGÍA CHI

> TODAS LAS RECETAS SON
> PARA 4 PERSONAS

SOPA DE CEBADA

- 1 taza de cebada lavada
- 1 zanahoria cortada en cuadrados pequeños
- 1 tallo de apio, cortado en cuadrados pequeños
- 1/2 diente de ajo, triturado (para condimentar)
- 1 cucharadita de aceite de sésamo (para condimentar)
- sal
- 1 puñado de hojas de perejil (para la guarnición)

Colocar la cebada en una cacerola con 2 tazas de agua. Llevar a punto de ebullición, luego bajar el fuego, tapar y hervir a fuego lento durante 10-15 minutos. Apagar el fuego y dejar reposar durante toda la noche. Al día siguiente, colocar la cebada, la zanahoria, el apio y 4 tazas de agua en una cacerola. Hervir a fuego lento durante 15-20 minutos. Agregar el ajo, el aceite de sésamo y la sal para condimentar. Hervir a fuego lento otros 5 minutos. Colocar una guarnición de hojas de perejil y servir.

CALDO DE SOJA

- 1 alga marina kombu cortada en trozos
- 4 hongos shiitake secos
- 1 zanahoria mediana cortada en finas tiras diagonales
- 1 tallo de apio, cortado en finas tiras diagonales
- 1 atado de rábanos cortados en rodajas finas
- 4 cucharaditas de soja (para condimentar)
- 1 hoja de alga marina nori cortada en tiras (para la guarnición)

Hervir 4 tazas de agua fría en una cacerola con los trozos de kombu y los hongos shiitake. Hervir a fuego lento durante 10 minutos. Retirar el kombu para volver a utilizar en otro plato. Cortar finamente los hongos y descartar los tallos. Colocarlos otra vez en la cacerola junto con la zanahoria, el apio y los rábanos. Condimentar con la soja y hervir a fuego lento durante 1 minuto. Apagar el fuego. Dejar en reposo durante 3-4 minutos para que las verduras se cocinen un poco más. Colocar una guarnición de alga marina nori y servir.

Los hongos shiitake secos contienen una energía chi intensa y desintoxicante, así que consúmalos con moderación para no sentirse abatido.

Las hojas de perejil son una atractiva guarnición para caldos y sopas que tienen gran cantidad de energía chi dispersante.

SOPA DE MIJO

- 1/2 taza de mijo, lavado
- 1/2 taza de calabaza dulce madura (la kabocha japonesa es mejor), cortada en trozos
- 1 zanahoria, cortada en trozos pequeños
- 1 chirivía pequeña, cortada en trozos pequeños
- 1 cebolla pequeña, cortada en trozos pequeños
- 1/2 a 1 cucharadita de sal
- 1 cebollín, cortado finamente en diagonal (para la guarnición)

Tostar el mijo en una cacerola hasta que tome un color dorado. Colocar la calabaza, la zanahoria, la chirivía y la cebolla sobre el mijo. Cubrir con agua y condimentar con sal. Llevar a punto de ebullición, bajar el fuego y hervir a fuego lento durante 20-30 minutos. Mantener el mijo cubierto con agua ya que absorbe una gran cantidad. Cuando el mijo esté tierno, apagar el fuego. Colocar una guarnición de cebollín y servir.

RÁBANOS FERMENTADOS

• 8 rábanos, lavados y con los extremos cortados
• 1/3 taza de vinagre de umeboshi

Cortar finamente los rábanos. Mezclar 1/2 taza de agua con el aceite de umeboshi en una cacerola. Hervir el líquido y apagar el fuego. Verter la mezcla sobre los rábanos. Dejar durante 10 minutos y escurrir; reservar el líquido. Colocar los rábanos en una bandeja. Refrigerar la mezcla del líquido para utilizar como aderezo de una ensalada o en otros platos.

BUÑUELOS DE ARROZ

• 3 tazas de arroz integral de grano corto
• 1/2 cucharadita de sal (para condimentar)
• 4 hojas de alga marina nori
• 2 ciruelas umeboshi, en cuartos

Lavar y escurrir el arroz varias veces y colocarlo en una cacerola de presión. Agregar la sal. Apoyar la cacerola de presión sobre una superficie plana. Colocar la palma de la mano sobre el arroz y comenzar a verter el agua. Detenerse cuando llegue a la muñeca, y dejar embeber durante toda la noche. Tapar y hervir a fuego mediano. Cocinar el arroz en la cacerola de presión durante 40 minutos. Apagar el fuego y sacar el arroz cuando la válvula de la cacerola haya bajao. Levantar la tapa y pasar el arroz a un recipiente. Dejar enfriar. Tostar la hoja de nori sobre el fuego hasta que quede transparente. Cortar en cuartos y dejar sobre una tabla para picar seca. Humedecer las manos y formar buñuelos con el arroz. Colocar un cuarto de ciruela umeboshi dentro de cada buñuelo. Colocar el buñuelo sobre una hoja de nori y cubrirlo con otra. Arrollar las hojas de nori y presionar los bordes. Servir.

Los aceites prensados en frío, como el aceite de sésamo, conservan todo su sabor natural.

ENSALADA DE BERRO Y SHIITAKE

• 1/2 taza de hongos shiitake frescos, lavados y rebanados
• 1/2 taza de berro, lavado y picado
• 2 cucharadita de semillas calabaza (para la guarnición)

Colocar 1/4 de taza de agua en una cacerola. Llevar a punto de ebullición y agregar los hongos, hervir a fuego lento durante 2 minutos. Agregar el berro y cocinar durante 2 minutos, revolver de vez en cuando. Condimentar con la salsa de soja y pasar a un recipiente para servir. Lavar las semillas de calabaza y colocarlas en una cacerola. Pincelarlas con aceite y tostarlas durante 30 segundos sobre fuego mediano. Colocarlas como guarnición y servir.

ARROLLADO DE REPOLLO Y COL CHINA

• 4 hojas de repollo chino
• 4 cucharadas de col fermentada

Colocar a hervir 4 tazas de agua en una cacerola tapada. Sacar la tapa y blanquear las cuatro hojas de repollo, una a la vez, durante 30 segundos. Retirar y dejar enfriar. Colocar las hojas en una superficie plana, con la parte interior hacia arriba. Colocar 1 cucharada de col fermentada en el medio de cada hoja y arrollar comenzando del tallo. Apretar suavemente para sacar el exceso de líquido. Servir.

BUDÍN DE ARROZ

• 3 y 1/2 tazas de arroz precocido (70 % arroz de grano corto, 30 % arroz integral dulce)
• 2 y 1/2 tazas de leche de arroz con sabor a vainilla
• 1 naranja mediana
• 1 taza de pasas de uvas
• 1 taza de avellanas tostadas y bien picadas
• 3 cucharadas de jarabe de arce
• canela en polvo (para la guarnición)

Mezclar el arroz y la leche en una cacerola. Llevar a punto de ebullición, bajar el fuego a mediano o bajo, y hervir a fuego lento durante 10-15 minutos. Rallar la cáscara de la naranja y exprimir el jugo. Agregar las pasas de uvas, las avellanas y la ralladura y el jugo de naranja. Hervir a fuego lento durante 1 minuto. Agregar el jarabe de arce y revolver. Apagar el fuego. Espolvorear con canela en polvo antes de servir.

TÉ DE SHIITAKE

• 2 hongos shiitake secos medianos
• 1/4 cucharadita de salsa de soja

Remoje los hongos en 1 y 1/2 taza de agua durante 10-15 minutos. Cortarlos y descartar los tallos antes de rebanarlos. Colocarlos en una cacerola con el agua de remojo. Llevar a punto de ebullición. Bajar el fuego y hervir a fuego lento durante 5 minutos. Agregar la salsa de soja. Apagar el fuego y dejar en reposo durante 2 minutos. Escurrir y servir.

Las ramitas de bancha son relativamente alcalinas y con ellas se puede preparar un té que alivia el estómago y es relajante.

TÉ DE ARROZ VERDE TOSTADO

• 4 cucharaditas (2 saquitos) de té de arroz verde y tostado

Hervir cuatro tazas de agua en una cacerola. Dejar en reposo durante 2 minutos. Colocar las hojas de té (o los saquitos) en una tetera y verter el agua caliente. Dejar en reposo durante 2 minutos para que aparezca el color y el sabor de esté antes de servir.

TÉ DE RAMITAS DE BANCHA (KUKICHA)

• 1 cucharada de ramitas de bancha (2 saquitos)

Remojar las ramitas en una cacerola con cuatro tazas de agua. Hervir y retirar del fuego. Dejar en reposo durante 5 minutos antes de servir.

LIMPIEZA DE LA PIEL

El cuidado de la piel requiere mucha atención, ya que es la capa más visible del cuerpo, y la que tiene un contacto directo con el mundo exterior. La piel muestra cómo nos vemos a nosotros mismos y cómo nos sentimos. Hoy en día, y mucho más que antes, la gente está dispuesta a gastar una pequeña fortuna en tratamientos de belleza para verse más joven y atractiva. La calidad de la piel de otra persona también es un factor determinante en la selección de un compañero,

una forma primitiva aunque efectiva de verificar si alguien está o no interiormente saludable.

La piel es el órgano más grande del cuerpo y el recipiente ideal para mantener los fluidos internos a una temperatura constante. A través del "ecosistema" de la piel se regula la temperatura del cuerpo, y con la presencia de luz solar se produce vitamina D. La piel define las fronteras del cuerpo físico, pero también puede descubrir los contenidos del estado interior. Por ejemplo, la aparición de una erupción indica que hay una infección, enfermedad o alergia, mientras que los cambios repentinos en el color de la piel pueden revelar sus emociones. ¿Nunca se sonrojó al sentirse incómodo o palideció de miedo?

De acuerdo con la Medicina China Tradicional, la piel, los pulmones y el sistema digestivo están hechos de la misma sustancia, cuanto más cuide

su piel, más fácil le resultará mantener saludable los pulmones y los intestinos.

Como la piel respira, libera regularmente energía emocional negativa. Si este proceso se retarda o se detiene, en el interior se acumulará una presión aguda, síntoma de tensión interior y emociones estancadas.

NUEVE SUGERENCIAS PARA UNA PIEL SALUDABLE

1 Frotar la piel 2-3 veces por semana.
2 Limitar el uso de jabones.
3 Use ropa de algodón puro, lino, seda y otros materiales naturales.
4 Utilice productos para la piel naturales y orgánicos.
5 Exponga el cuerpo al sol sólo durante períodos cortos durante el verano.
6 Pase una parte del día desnudo para permitir que la piel respire.
7 Masajee periódicamente su cuerpo con aceites naturales, como el de almendras orgánicas o el de oliva.
8 Evite la exposición de la piel a productos dañinos, como los de limpieza profunda (blanqueadores).
9 Estimule el contacto de la piel con gente que le ayude a activar el flujo de energía chi a través de la piel.

Esto también dará como resultado una piel seca y sin vida.

El "ecosistema" de la piel está delicadamente equilibrado y diseñado para rechazar los elementos exteriores nocivos. Sin embargo, muchos productos hogareños contienen sustancias nocivas que pueden dañar la piel bloqueando el drenaje, y aumentando el riesgo de asma y migrañas; algunas fórmulas cosméticas perjudican la acción natural de los poros duplicando los riesgos a largo plazo de sequedad y envejecimiento.

El sofisticado sistema de disposición de residuos de la piel permite la eliminación de toxinas a través de los poros. Durante el sueño, los fluidos y aceites que eliminan la polución se segregan a través de la piel y así se pueden perder líquidos sin saberlo.

LA ESTRUCTURA DE LA PIEL

La piel no es sólo una prensa esencial que cubre el cuerpo. Es un órgano que funciona con intensidad como el corazón, el hígado y los pulmones. Está compuesta por cuatro capas diferentes.

La capa de queratina, que se puede ver y tocar, es la capa más obvia de la piel. Está formada por células muertas que protegen los tejidos subyacentes más delicados. Éstas son reemplazadas constantemente por células nuevas que se abren paso hacia la superficie.

La epidermis está compuesta por células vivas y contiene el pigmento que le da el color a la piel. Esta capa de piel se nutre de los vasos sanguíneos de la dermis.

La dermis, más delgada y elástica que la epidermis, le permite a la piel estirarse y moverse. Las glándulas de la transpiración, los folículos (las estructuras como bulbos de los cuales crece el cabello) se originan en la dermis y llegan hasta la superficie de la piel. Aquí también se encuentran las terminaciones nerviosas capaces de detectar las sensaciones de calor, frío y dolor.

El tejido subcutáneo es la capa más oculta y protegida de la dermis. Contiene y almacena células de grasa que nos mantienen frescos cuando la temperatura se eleva y cálidos cuando refresca. La grasa también absorbe los golpes y almacena alimento extra para el cuerpo.

LOS BENEFICIOS

Frotando la piel se la puede ayudar a estar en forma y a eliminar la suciedad soluble en agua. Utilice un paño caliente, mojado, de una tela suave y no abrasiva que le permita presionarla con fuerza durante el vigoroso automasaje. Al estirar la piel en una dirección y aplastarla en otra con la acción del paño hacia adelante y atrás activa los poros convirtiéndolos en diminutas bombas que expelen las toxinas. Uno de los atractivos de frotar la piel es la ausencia de agentes de limpieza extraños, como el jabón o los detergentes que pueden modificar el equilibrio del pH de la piel. Frotar la piel varios minutos estimula la circulación. Observe cómo se enrojece la piel cuando la sangre fluye a los capilares superficiales para activar la energía chi del cuerpo antes de bombearla junto con los fluidos de desperdicios que expele el sistema linfático a través de los ganglios.

Creo que frotar la piel ayuda a apreciar la piel mejorando su apariencia. La acción de cepillado elimina las células muertas, acelera la renovación de los tejidos, acelera el metabolismo y le brinda a la elasticidad de la piel un trabajo rítmico, evitando la formación de arrugas y la piel floja con el paso del tiempo. Si vive en pareja, frótense mutuamente la espalda. Arquee la columna vertebral mientras ella frota cada uno de los lados hacia arriba y abajo.

FROTAR LA CABEZA Y EL CUERPO

Un pañal pequeño de algodón es ideal para utilizarlo como un guante para frotar. Dóblelo por la mitad **1**. Luego dóblelo otra vez para formar una tira larga. Alternativamente

FROTAR A LA MAÑANA

Si quiere elevar en forma drástica sus niveles de energía a la mañana, comience frotando las plantas de los pies y suba por el cuerpo hasta llegar a la frente. La acción estimula el flujo de energía chi ascendente, el cual generalmente ayuda a sentirse entusiasta acerca de la vida. Como este proceso lleva energía chi a la cabeza aumenta la estimulación mental. El momento ideal para realizarlo es justo antes o después de un baño o una ducha.

utilice un paño o una toalla de mano. Llene el lavabo del baño con agua muy caliente. Sostenga los extremos del paño y sumerja la parte central en agua caliente. Elimine el exceso de agua torciendo los extremos del paño en direcciones opuestas **2**. Doble en tercios para poder sostener el paño por los bordes más fríos y deje la

parte media caliente libre para que pueda hacer contacto con la piel. Tenga cuidado de no quemar la piel. Párese delante del lavabo antes de comenzar a frotar. Apoye el pie en un banquito o en el borde de la bañera cuando se frote la pierna o el pie. No realice frotaciones mientras está en la bañera o la ducha ya que el procedimiento

■ CONSEJOS DE SIMON

El promedio de una sesión de frotación de la piel es de 10-15 minutos. Sin embargo, si está apurado, concéntrese en aquellas zonas con cambio de color, o en las manos, pies y rostro. Una rápida frotación en zonas determinadas resulta beneficiosa si tiene cambios de estados de ánimo, pozos depresivos, episodios de enojo o frustraciones persistentes. Para acelerar la circulación y que el flujo de energía chi sea más rápido ralle una cucharada de jengibre y exprima el jugo en el agua de limpieza. Sostenga los extremos de una toalla y frótela enérgicamente por la espalda.

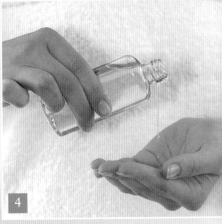

4

puede provocar un brusco aumento de la temperatura del cuerpo haciéndolo sentir mareado. Realice movimientos rectos, continuos, y hacia delante y atrás para frotar, y aplique fuerza contra la piel hasta que comience a enrojecer. Quizás algunas partes del cuerpo no cambien de color las primeras veces que las frote. Esto muestra zonas con poca circulación sanguínea superficial, así que preste especial atención a ellas. Después de unas pocas sesiones, la piel comenzará a enrojecer en forma pareja. Abra las axilas **3** y las ingles para trabajar sobre los ganglios linfáticos. Frote estas zonas a fondo para estimular al sistema linfático a que descargue toxinas. Evite que la piel se desplace de los huesos estirándola durante la frotación. Finalice secándose con una toalla limpia. Para obtener un efecto efoliante masajee todo el cuerpo con un aceite natural de aromaterapia.
ADVERTENCIA: si tiene inflamaciones, crecimientos, eczemas, hernias, sufre de piel sensible o algún otro problema dermatológico, evite estas zonas con problemas o

consulte con su médico antes de realizar una frotación total de la piel. Si ya tiene un problema en la piel, es posible que al frotar las zonas no afectadas se benficien las que están afectadas.

FROTAR AL ATARDECER
Si desea un descanso nocturno tranquilo, realice una frotación al atardecer, antes de acostarse. Comience por la frente y descienda hasta llegar a los pies. Este movimiento continuo hará descender el exceso de energía chi hacia los pies. Esto produce un estado de tranquilidad mental que conduce a lograr un sueño pacífico.

LA VESTIMENTA Y LOS COLORES

MEDIO
AMBIENTE

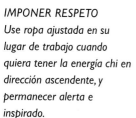

IMPONER RESPETO
*Use ropa ajustada en su
lugar de trabajo cuando
quiera tener la energía chi en
dirección ascendente, y
permanecer alerta e
inspirado.*

Cualquier cosa que use o que se ponga en contacto con la piel entra en frontera del campo de la energía exterior, ya que se mezcla con la energía c interior y ejerce una marcada influencia en los pensamientos y los estados o ánimo. Lo mismo sucede con los accesorios, los materiales de la ropa de cam y tapicería, y aquellos con los que estamos en contacto cuando trabajamos Por lo tanto, compre ropa y artículos de telas que puedan influ positivamente en su estado de ánimo.

Preste atención a la ropa que tiene contacto directo con su piel ya que la estructuras de las telas afectan el campo de energía chi. Las vestimenta exteriores, como las chaquetas o abrigos, tienen menos efecto sobre la energía chi interior. Las fibras sintéticas interrumpen el flujo natural de energía chi dentro del cuerpo y agregan la propia carga de electricidad estática a su campo de energía. El algodón puro, el lino, la seda y la lana sostienen más su energía chi, mientras que el algodón tejido es el material que debe elegir si desea que su cuerpo respire con mayor facilidad y su energía chi se mueva más libremente.

Un suéter de lana grueso retarda el movimiento de energía chi, mientras que una falda o pantalón de cuero ajustados lo aceleran. Cuanto más brilla el material más estimula a que la energía chi se desplace rápidamente por el cuerpo, incrementando los niveles de alerta y de actividad.

Los colores de la ropa también pueden contribuir en cómo se siente e interactúa con el mundo. Los distintos colores influyen en la forma en que las ondas se reflejan a través de la superficie del campo de energía exterior y, en la forma que vibra su energía chi interior. Un cambio en el color de la vestimenta puede provocar cambios en la energía chi exterior, los cuales se filtrarán lentamente hacia la energía chi interior, y alterarán sutilmente sus emociones.

El corte o estilo de la vestimenta también influyen en el estado de ánimo. Los pliegues perpendiculares, las rayas y las tablas aumentan el flujo de energía chi en forma vertical para que parezca más alto, y son perfectos si desea aumentar su confianza. Las líneas horizontales lo mantienen conectado entre el cielo y la tierra. Los cinturones, cintos y rayas horizontales esparcen la energía chi y lo conectan con el mundo.

Cuanto más holgada sea la vestimenta, la energía chi podrá buscar más libremente su sendero natural dentro de su cuerpo. Buenos ejemplos son las camisas, batas y faldas amplios. La ropa suelta libera la energía chi atrapada, y así podrá encontrar armonía con lo que lo rodea. La ropa ajustada con líneas y pliegues marcados aceleran el flujo de energía chi y definen sus fronteras físicas acentuando la separación entre su energía chi interna y externa.

Lo que usa absorbe un poco de la energía chi interior que irradia hacia fuera. Las vestimentas del día anterior conservan un poco de la energía chi de ayer. Cuando se siente desanimado es importante cambiar por ropa nueva y limpia con energía chi renovada para introucir en su sistema y elevar su espíritu. Seque la ropa en el exterior, al aire libre (especialmente los días soleados), deje que la ropa absorba la energía chi fresca y natural de los alrededores, que lo hará sentirse revitalizado cuando la use. Si decide usar la misma ropa más de una vez, hágalo ya que contienen energía chi feliz y positiva y esos artículos lo pueden animar, como una corbata, una chaqueta o un suéter de la suerte. En una relación, absorba un poco de la energía chi de su amado pidiéndole prestada alguna prenda de vestir. Por ejemplo, use la camisa para dormir y así durante la noche su energía chi interior va a interactuar con la de su compañero/a.

VESTIRSE PARA TRIUNFAR

Mejore sus posibilidades de éxito considerando qué clase de energía chi quiere proyectar y eligiendo su apariencia de acuerdo con esto. Si tiene una reunión importante, la ropa influirá sobre la impresión que vayan a tener de usted, y también afectará su propio desempeño. Si se siente inseguro, elija ropa con rayas o pliegues verticales para incrementar la energía chi ascendente. Los colores y los materiales brillantes de artículos, como cinturones y hebillas, aceleran el flujo de la energía chi circundante, atrayendo la actividad y el conocimiento.

Cuando una gran cantidad de personas usan el mismo traje en forma simultánea (como un uniforme), todas experimentan una influencia similar en la energía chi exterior, y sienten que tienen algo en común que los une. Incluso en las oficinas, donde no hay un código de vestimenta "oficial", la gente que usa ropa similar, como trajes y corbatas, crean una sensación de unidad. Esta sensación de colectividad estimula el trabajo en equipo al compartir ideales y desafíos. Como la gente elige su ropa, esta vestimenta se convierte en un reflejo de quiénes son como individuos. Pensemos en las distintas profesiones y cómo se aplica este principio: por ejemplo, el estilo y la originalidad son muy apreciados en la publicidad y en los medios de comunicación, mientras que la ropa de un constructor es práctica y funcional. En las páginas siguientes, le mostraré cómo aumentar sus posibilidades de éxito ajustando el estilo de la vestimenta para adecuarse a diferentes situaciones a través del color, el corte, el estilo y la elección de los materiales.

BLANCO

Cuando se usa el blanco refleja todo el espectro de luz para hacerlo sentir intocable, distante y único. Ideal para permanecer separado de todo, y ser menos susceptible a las influencias del ambiente. Ideal para obtener espiritualidad, objetividad y decisión. Úselo para dar una impresión de limpieza y autosuficiencia. Es el más fácil de combinar con todos los colores, pero no debe estar manchado.

NEGRO

Absorbe todas las ondas de luz, facilitando a su energía chi exterior la absorción de energía de las influencias exteriores. Estimula sentimientos de integración y una intensa sensación de exposición a los acontecimientos del ambiente. Úselo cuando quiera adecuarse y ser aceptado. Como no refleja ninguna luz, generalmente es inofensivo, pero también puede no tener correspondencia. Se puede usar de pies a cabeza, pero lo mejor es agregar un toque de color.

PÚRPURA

Cuando es brillante ayuda a que la energía chi se irradie hacia fuera, y le facilita expresarse y que lo escuchen. Acrecienta y proyecta sus emociones al exterior. Úselo cuando necesite llenar un espacio con su energía chi emocional. Ideal para ocasiones sociales, o para cuando quiera destacarse en una multitud. Combine con amarillo para una entrada triunfal.

ROJO

Pone en movimiento la energía chi, haciéndola más activa con un flujo más rápido. Cuanto más brillante sea el tono más intenso es el efecto. El rojo suave o rosa estimula la búsqueda del placer. El rojo ayuda a llamar la atención y da una buena apariencia. El rosa lo hará parecer más romántico y divertido. Use rojos brillantes cuando quiera estimular amantes potenciales.

NARANJA

Distribuye el flujo de energía chi de un modo seguro, de manera que pueda enfrentar los desafíos con un propósito. Cuanto más intenso es el matiz más poderosa es su influencia. Úselo para dar una impresión cálida y estable, y cuando quiera atraer gente a su vida. Úselo en parches para no parecer tan dominante.

AMARILLO

Como mantiene un flujo de energía chi armonioso, este color estimula el compromiso y su habilidad para negociar problemas. Bueno para el trabajo en equipo. Combínelo con otros colores para aumentar la armonía.

MARRÓN

Retarda y estabiliza la energía chi. Ideal para sentirse asentado, práctico, metódico y estable sin apresurarse con las cosas; y para que lo consideren confiable, amable, simpático y servicial.

VERDE

Las sombras de verde brillante refrescan la energía chi ascendente y provocan entusiasmo, mientras que los verdes esmeraldas intensos proyectan una impresión de confianza, compostura y madurez.

AZUL

Expande el campo de energía chi externa para abrir nuevos horizontes. Los tonos oscuros son más restringidos, mientras que las opciones más claras son ideales para ser creativo e imaginativo. Lo hacen aparecer sereno y amistoso, o como alguien que disfruta al mantener discusiones sobre grandes ideas. Fácil de usar y de combinar con colores más claros para obtener un aspecto más equilibrado.

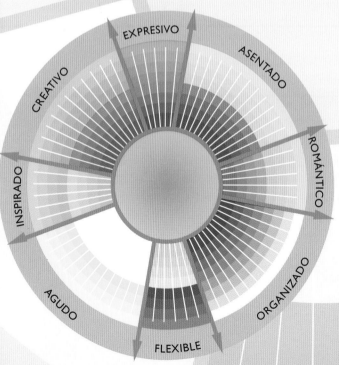

Esta rueda de colores feng shui muestra cómo determinados colores tienen asociaciones específicas.

TIPOS DE MATERIALES

ALGODÓN
Una tela ideal que respira bien y tiene una influencia neutra sobre la energía chi. Prefiera esta tela para usar sobre la piel antes que cualquier otro material.

LINO
Ejerce una influencia refrescante sobre la energía chi y acelera sus movimientos más que el algodón.

SEDA
Acelera el flujo de la energía chi. Cuanto más brillante sea más rápido hará circular la energía circundante. Ideal para destacarse y sentirse estimulado.

LANA
Retarda la energía chi para ayudarlo a sentirse tranquilo y más relajado. Como no permite que su energía chi interior "respire bien" es ideal para contener energía, pero no para conectarse con la energía chi del ambiente exterior.

CUERO
La mejor tela para vigorizar la energía chi ya que su superficie brillante acelera el movimiento de esta energía. También puede reflejar la energía chi y aislarlo.

METAL
Ideal para joyería y accesorios, ya que centraliza y refleja la energía chi interior en todas direcciones y genera puntos de intensa actividad alrededor de la persona.

ELIJA LA ROPA DE ACUERDO CON SU ESTADO DE ÁNIMO

Una de las formas más rápidas de cambiar de estado de ánimo es ponerse ropa limpia que refresque su energía chi exterior. Cuando regrese a casa del trabajo, cámbiese la ropa, dúchese y póngase un conjunto nuevo para liberar todas las tensiones y desafíos del día, y entregarse a la vida hogareña. Si desea una vida social más emocionante fuera de las horas de trabajo, llene la agenda con acontecimientos que requieran vestirse bien: ir a la ópera, el ballet o el teatro, cenar en restaurantes elegantes y concurrir a una reunión de gala, son toda excusas legítimas para vestirse con la mejor ropa. Al prepararse ayudará a preparar su energía chi; y si agrega a su traje colores y metales o accesorios brillantes (como seda y joyería) la energía chi interior se acelerará rápidamente y será el corazón de la fiesta.

TAI CHI

Los orígenes del tai chi se remontan a 3.000 años, y a las montañas taoistas de China. Este arte beneficioso y multifacético, desarrollado como una secuencia de elongaciones terapeúticas para mantener una buena salud, cura los padecimientos y retrasa los efectos del envejecimiento. Tai chi significa literalmente "gran chi," y su dogma central es la creencia de que se puede expandir el campo de energía chi y utilizar su esfera de influencia para beneficiarse y defenderse, o para convertirse en curador de otros.

Un elemento de arte marcial apuntala el tai chi, basado en la idea de que se puede usar la propia energía chi y la flexibilidad física pa[ra] responder a un ataque volcando l[a] fuerza del atacante contra él mism[o]. Las técnicas para aprender cómo ceder, mantener la elasticidad y la calma, le posibilitan redireccionar l[a] fuerza que iba en su contra y saca[r] provecho de ella.

El tai chi moderno se basa en la Forma Corta Yang. Ésta es una secuencia de movimientos amplio[s] expansivos que ayudan a fortificar [y] movilizar la energía chi por el cuerpo. La idea es realizar estos movimientos lentamente y perfeccionarlos con la práctica par[a] movilizar su energía chi. De esta forma, puede practicar tai solo, per[o] también resulta muy útil hacerlo c[on] un compañero, ya que esto les enseñará a ambos nuevas formas [de] interactuar con el otro. Si el tai chi realmente lo atrae, tome clases donde le enseñen la Forma Corta completa.

Cuando practique tai chi por primera vez le resultará extraño hacer todo con movimientos lento[s]. Busque un punto de adaptación a una frecuencia diferente, así podra[á] crear la calidad de tiempo y espaci[o] adecuados para la práctica del tai chi. Esto puede resultar difícil de lograr con un estilo de vida agitado[.]

ACOPAR EL CODO

Un movimiento muy común en el tai chi consiste en mantener la mano más baja con la palma hacia arriba y acopada debajo del codo del otro brazo. No necesita ponerlos en contacto; sólo adopte esta postura como un soporte energético. Mantenga el equilibrio con los pies y comience a mover el brazo libre haciendo un gesto de bloqueo que utiliza el antebrazo para rechazar la energía que se dirige hacia usted. Cambie la posición de los brazos.

Continúe intercambiando los brazos. Inicialmente, deberá prestar atención a tratar de mover todo el cuerpo correctamente. El objetivo es alcanzar un punto de equilibrio y conocimiento en el que pueda realizar los movimientos físicos con libertad mientras se concentra en la respiración y movilización de su energía chi.

pero vale la pena si puede practicarlo en forma diaria.

Cuando mueva los pies durante una sesión de tai chi, sepárelos de manera que queden a la altura de los hombros y colóquelos uno en frente del otro.

En esta posición practique pasar el peso del cuerpo de un pie al otro. Mantenga un tercio del peso sobre un pie y dos tercios sobre el otro, y luegue alterne. Baje el centro de gravedad doblando las rodillas y respire profundamente con el abdomen. Cuando cambie la posición de los pies, mantenga un contacto mínimo con el suelo y deslícelos suavemente.

Antes de practicar tai chi busque un espacio lo suficientemente amplio como para moverse sin temor a golpear o romper algo. En China esta forma de meditación física se practica en parques y a la mañana temprano. El tai chi se practica en el exterior para garantizar la máxima exposición a los elementos y su energía chi, para potenciar más el proceso.

SOSTENER LA PELOTA

Uno de los ejercicios de visualización clave en el tai chi consiste en imaginar que se sostiene una gran pelota para generar una sensación localizada de energía chi entre las manos (ver página 32). Elija su postura y comience a "jugar" con esta energía que tomó forma de pelota.

Comience colocando una mano sobre la otra, con las palmas enfrentadas. Alterne la posición de los brazos manteniendo las palmas enfrentadas. Mientras lo hace, mantenga la sensación casi magnética de energía chi entre las manos.

Una vez que se sienta cómodo moviendo las manos de esta forma, comience a integrar el resto del cuerpo en el movimiento. Gire lentamente mientras desplaza el peso del cuerpo hacia atrás y adelante para que este ejercicio adquiera una forma libre. Observe la respiración y las sutiles influencias que se producen con cada cambio que realiza el cuerpo.

Inicialmente, mantenga los codos a los costados para asegurarse de que cada movimiento proviene de la energía chi ubicada abajo del ombligo. Baje la mano acopada con la palma hacia arriba a esta zona para aumentar el poder de los movimientos. Imagine que está recogiendo energía chi y enviándola a la otra mano.

Trate de empujar con la mano más baja, alejando la palma hacia delante, y dejando que la mano de arriba marque el camino. Imagine que está apartando energía chi hacia un lado con el brazo de arriba, mientras deja un espacio a través del cual empujar su energía chi hacia fuera con la mano más baja.

PRACTICAR TAI CHI EN PAREJA

Practicar en parejas ayuda a desarrollar una comunicación sin palabras entre ambos participantes, mientras que al interactuar aprenden a confiar el uno en el otro. Comience generando energía chi entre las manos (ver página32), luego practique los ejercicios que pueda realizar solo. Cuando esté listo, prepárese para precalentar con un compañero. Asegúrese de que haya espacio suficiente ya que estos ejercicios son ideales para grandes espacios, como una habitación vacía o un parque.

EJERCICIOS DE CONTACTO

El objetivo de este ejercicio es mantener contacto con su compañero en lugar de movimientos que pueden distraer o desorganizar. Ambos participantes deben estar mirándose antes de adoptar cualquier postura de tai chi. Decidan quién va a ser el que guíe y quién el que l siga. El líder comienza extendiendo la mano y dejando que el seguidor lo toque levemente.

El líder ya puede comenzar a mover

lentamente las manos alrededor mientras el seguidor mantiene el más leve contacto posible. Mantenga una postura flexible y siga al líder hacia donde lo lleve. El verdadero objetivo es realizar esto sin perder la concentración, por lo tanto debe mover los pies con destreza mientras ajusta su posición, manteniendo el centro de gravedad equilibrado entre los pies. Para no perder el equilibrio descargue siempre un tercio del peso del cuerpo sobre un pie y dos tercios sobre el otro.

El líder comienza con movimientos simples que estimulen al seguidor a moverse hacia atrás y adelante, haciéndolo elongar suavemente. Cuando adquieran más confianza en los movimientos y uno en el otro, el líder puede acelerar los movimientos para llegar al punto en el que la otra persona rompa el contacto o pierda el equilibrio. Como esto no es una competencia sino un ejercicio de aprendizaje, no se gana nada si el líder intenta algo demasiado brusco para su compañero. Cuando le toque tomar la iniciativa, imagine que está estirando una banda elástica hasta el límite, pero sin romperla.

Después de la primera ronda alternen los roles y vuelvan a comenzar. Al trabajar en pareja puede considerar por qué pierde el contacto y el equilibrio. Una vez que

APRENDER A CEDER

La habilidad para ceder el control en ciertas circunstancias y en el momento correcto es una lección fundamental en la vida. Saber cuándo ceder y hacerlo de tal manera para que la otra persona pierda el control de su energía chi es fascinante y el trabajo de un verdadero maestro. Por ejemplo, cuando alguien esté enojado con usted, es posible desarmar su furia disculpándose sinceramente en un momento determinado. Una vez que el enojo inicial se dispersa se puede mantener una conversación más constructiva y evitar el conflicto.

Rendirse ante la aparente fuerza de otra persona, ya sea física o emocional, no parece algo lógico para hacer, pero puede resultar mucho más poderoso que agredir verbal o físicamente. Alguien que está proyectando intensamente su energía chi es vulnerable a perderla rápidamente, mientras que un individuo que sabe cómo y cuándo ceder evita las confrontaciones y es capaz de retener la energía chi vital. Ceder todo el tiempo tampoco es la respuesta. Elija los momentos. Esto es más efectivo cuando se pueden anticipar los movimientos del oponente y prever lo que hará al segundo siguiente.

haya establecido las razones, trabaje solo y perfeccione los movimientos que hacen que se elongue demasiado lejos.

Cuando adquieran una mayor confianza en la rutina, el seguidor puede cerrar los ojos o vendárselos para concentrarse con mayor facilidad en la respiración y el movimiento de la energía chi. Relájese lo más que pueda y sienta que está manteniendo contacto con el abdomen, usando las manos como extensiones. Esto lo ayudará a bajar el centro de gravedad y a mantener el equilibrio.

EMPUJAR CON LAS MANOS

Este ejercicio de tai chi le permite practicar y desarrollar la Postura Inclinada. Párese con los pies separados a la altura de los hombros. El pie de adelante apunta hacia adelante y el de atrás se coloca en ángulo. El ancho del costado más angosto de esta postura parecida a un rectángulo debería coincidir con el ancho de su cadera.

Estos movimientos suaves se usan para lograr la concentración de ambos participantes. La mayor parte del tiempo ambos participantes estarán intercambiando embestidas y concentrándose en la postura, mientras relajan los brazos y observan su respiración. Practique para desarrollar la intuición necesaria y sentir el momento en el que su compañero va a embestir y así poder vaciar el movimiento, de modo que embista contra el vacío y corra el riesgo de perder el equilibrio. Aprender a ceder de manera que la fuerza de su oponente se convierta en su debilidad es un principio fundamental del tai chi.

Párese y mire a su compañero. Los dos deben avanzar con el mismo pie (por ejemplo, el pie izquierdo). Extienda las manos y haga contacto con las palmas de su compañero. Uno de los dos comienza a empujar hacia delante. Descargue la mayor parte del peso del cuerpo sobre el pie que está adelante y doble la rodilla de esa misma pierna. Su compañero debe descargar el peso hacia el pie trasero, y devolver la embestida, de manera que ambos se muevan hacia atrás y adelante. El objetivo es apartarse con la suficiente rapidez como para que su compañero ejerza una presión moderada cuando embiste. Trate de coordinar la respiración con los movimientos, de manera de retroceder cuando exhala.

Una vez que se sienta cómodo cuando su compañero embiste, pruebe su concentración retrocediendo cuando lo embiste. Si su compañero está bien concentrado, le resultará fácil adelantarse mientras mantiene la embestida, de otro modo perderá contacto y se tambaleará. Alternativamente, adelantarse cuando embiste para ver si su compañero responde retrocediendo o manteniendo un leve contacto.

■ CONSEJO DE SIMON

Para ayudar a elongar el meridiano de la vejiga y desarrollar formas no verbales de interactuar y confiar en otra persona, siéntese apoyando la espalda contra la de su compañero. Un participante extiende las piernas hacia el frente, mientras que el otro las flexiona con las rodillas hacia el pecho. Doblen y traben los brazos a la altura de las articulaciones de los codos. El participante con las piernas flexionadas debe empujar hacia arriba mientras el que tiene las piernas extendidas se inclina hacia adelante, y debe seguir empujando hasta que quede con el rostro hacia arriba, sobre su compañero. El que está arriba se debe relajar, mientras la persona permite que el estiramiento recorra el viaje de ida y vuelta por sus piernas para liberar la tensión. Trabajen juntos para lograr un buen estiramiento. No intenten practicar esto si alguno de los dos tiene antecedentes de lesiones en la columna vertebral, o la columna rígida o dolorida.

INCLINARSE HACIA ATRÁS

Siéntese enfrentados con las piernas lo más separadas posible y tocándose los pies. Si uno de los dos es mucho más alto, la persona más baja puede colocar los pies en el interior de las piernas de la otra. Inclínese hacia adelante y tómense de las muñecas. Túrnense para retroceder, estirando al compañero, luego relájese antes de que él lo estire. Trabajen juntos hasta llegar al punto en que ambos puedan estirar lentamente al otro de manera óptima. Respiren juntos para fortalecer la unión.

Agreguen movimiento desplazando la parte superior del cuerpo en círculos, estirándose mutuamente mientras retroceden. Repetir en la dirección contraria. Este movimiento libera energía chi de los meridianos del Bazo, el Hígado y los Riñones para que se sienta estimulado.

PUNTOS DE ACUPRESIÓN PARA LA ENERGÍA Y LA RELAJACIÓN

ACUPRESIÓN

El reconocimiento de la ubicación de una selecta cantidad de puntos de acupresión (o tsubos) puede ayudar a corregir los desequilibrios de energía chi del cuerpo a través de masajes aplicados con los pulgares y las puntas de los dedos. Estas ubicaciones siempre son efectivas para restaurar la armonía interior y exterior. Según sean sus necesidades, puede utilizar un punto de acupresión para aumentar los niveles de energía cuando se sienta cansado o bajar la vitalidad cuando esté tensionado para estimular el descanso y la relajación.

Los tsubos son unidades autorreguladoras, y se calibran de acuerdo con esto, de modo que es virtualmente imposible sobreestimularlos en forma accidental. No debe sentirse nervioso o inhibido al activar determinados puntos en situaciones especiales. Elija o no hacerlo, generalmente detectará una mejoría. Abajo hay una lista de puntos de acupresión, acompañada de una descripción detallada sobre cómo encontrarlos y "encenderlos," y los beneficios recomendados. Todos estos puntos de acupresión también responden bien a las aplicaciones de moxibustión (ver páginas 97-98). Si siente que necesita energía adicional en forma de calor, estimule la actividad de la energía chi en estos puntos usando un palillo de moxa. Deje que arda sobre la zona afectada para liberar la energía chi local.

CENTRO DE RECOLECCIÓN: PULMÓN I
(Para abrir el pecho)

Pase los dedos por la longitud de la clavícula. Cerca del medio hay una pequeña hendidura. Pulmón I se encuentra cuatro dedos debajo de ella. Le resultará más fácil si coloca un dedo de la otra mano abajo del centro de la clavícula. Observe la ubicación del dedo meñique. Penetre en esta zona con el pulgar y muévalo hasta que encuentre un punto sensible. Este punto no es fácil de presionar, así que sería conveniente que se acostara y un amigo lo presionara. Esto le abrirá el pecho para permitir una respiración más profunda. Si está trabajando solo, cruce el brazo sobre el pecho. Presione el punto con el pulgar. Después, golpee el pecho con el puño flojo para liberar la energía residual atrapada.

MUESCA POSTERIOR: INTESTINO DELGADO 3
(Para fortalecer el abdomen)

Localice el hueso del borde exterior de la mano, entre el dedo meñique y la muñeca. En la parte media hay una muesca en el hueso. Presione al costado y frote el pulgar hacia arriba y hacia abajo para encontrar el punto exacto. Una vez que haya identificado el lugar correcto, respire para que ingrese energía chi al mismo. Continúe buscando el mejor ángulo para hacerlo, manteniendo la presión sobre el punto más sensible. Todos los puntos de acupresión de las manos están convenientemente ubicados, de manera que puede trabajar sobre ellos en cualquier lado sin atraer atención. Este tsubo genera más energía chi en los brazos y ayuda a liberar la tensión de los hombros.

FUENTE BORBORTANTE: RIÑÓN 1
(Para aumentar su vitalidad)

Siéntese con la planta del pie doblada hacia el interior de la otra pierna. Si el pie está doblado en un leve ángulo notará una pronunciada acanaladura en la zona central. Recórrala con el pulgar hasta llegar a la parte delantera central del pie. Presione profundamente en este pliegue y frote toda su longitud. Cuando se acerque a los dedos de los pies sentirá el hueso y el tsubo está ubicado justo antes de éste. Presione suave y profundamente hasta que sienta cierto dolor y respire energía chi a través de él. Este tsubo resulta más relajante cuando lo presiona el compañero (no uno mismo). Siéntese en un sofá, con los pies apoyados en el regazo uno del otro para darse un masaje mutuo. Masajee este punto en sus pies hasta que ambos sientan una tibieza que les recorre la parte baja de la espalda.

PUNTO TRES MILLAS: ESTÓMAGO 36
(Para fortalecer el estómago y las piernas)

Doble la rodilla a 90°. Coloque en una mano en la pierna opuesta, con el pulgar en la parte trasera de la rodilla doblada. Apoye los otros dedos en la parte delantera de la pierna. Presione con todos los dedos (incluyendo el pulgar) la acanaludura de la parte delantera de la pierna. Ésta es la ubicación del tsubo 36 del Estómago, y se debe sentir como si estuviera golpeado cuando se le aplica presión. Cuando presione absorba energía chi a través de este tsubo para eliminar calambres estomacales y aumentar la energía chi en las piernas.

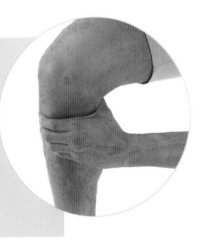

PRIMAVERA VIVIFICANTE: VESCÍCULA BILIAR 34
(Para fortificar las rodillas)

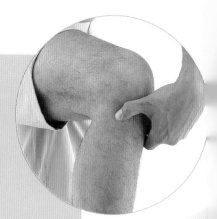

Siéntese con la pierna doblada a 90°. Localice la parte inferior de la rótula y deslice el pulgar hasta llegar al borde exterior y sentir una hendidura ósea. Presione sobre ella y dirija la fuerza hacia abajo, contra la acanaladura del hueso. Resulta bastante difícil encontrar un punto que produzca una reacción intensa, así que deberá abrir un poco la pierna para acceder al mismo. Mientras trabaja en este tsubo, imagine que está respirando energía chi en la rótula. Si masajea este punto con perseverancia, esto fortalecerá gradualmente las rodillas.

CHAKRA ABDOMINAL: VASO 6
(Para estimular la digestión)

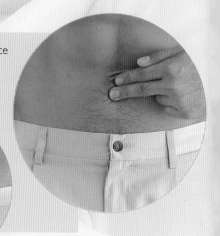

El vaso 6 está ubicado a dos dedos abajo del ombligo. Coloque el dedo índice en la zona inferior del abdomen, con la parte más grande del dedo sobre el tsubo. Es probable que no sienta ninguna sensibilidad ni dolor aquí. Trabaje lentamente en este punto utilizando el pulgar, con exhalaciones prolongadas, hasta que sienta la zona cada vez más caliente. Cuando se sienta cansado, este tsubo responde bien a la moxibustión o a una botella de agua caliente. Los resultados son inmediatos, y le permiten una reparador sueño nocturno.

CHAKRA DEL ESTÓMAGO: VASO 12
(Para relajar el estómago)

Coloque el dedo índice sobre el ombligo y mueva el pulgar hacia el centro del abdomen hasta que llegue a la base del hueso de la caja torácica. A mitad de camino entre estos dedos se encuentra el vaso 12, nivele con la curva inferior de las costillas inferiores que se doblan hacia los costados del cuerpo. Presione con los dedos y sostenga durante una exhalación lenta y profunda. Sienta que está drenando energía chi nerviosa desde la base del estómago para sentirse más tranquilo y ayudar a la digestión.

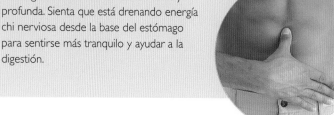

CHAKRA DEL CORAZÓN: VASO 17
(Para calmar los latidos del corazón)

El punto se encuentra en la línea que se podría trazar entre las tetillas. Para localizar mejor este tsubo, acuéstese de espalda, con el pecho relajado. Presione sobre el esternón y deslice el dedo mayor por el pecho hacia arriba y hacia abajo para encontrar un punto sensible. Este tsubo puede ser muy sensible, así que trabaje suavemente sobre él. Utilice la punta del dedo para presionar e imagine la energía chi irradiándose desde él para llenar su pecho. Úselo junto con visualizaciones cuando tenga la vida agitada, y sienta que aumenta la tensión.

MONTAÑA: VEJIGA 60
(Para aliviar la tensión de la espalda)

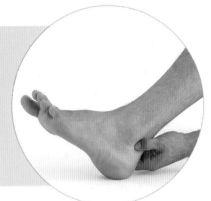

Presione el dedo índice entre la parte exterior del tobillo y el tendón de Aquiles. Presione suavemente el pulgar hacia el hueso y busque el punto sensible que indica Vejiga 60. Mientras inhala energía chi en él, imagine que drena energía chi por la espalda junto con todas las tensiones. Este tsubo es ideal para hacer descender energía chi a los pies cuando existe demasiada concentración de ella en la cabeza, o en el cuello, la espalda o las piernas están rígidas debido a la tensión.

PUNTO DE ENCUENTRO DE LOS MERIDANOS DE LAS PIERNAS 3-YIN: BAZO 6
(Para revitalizar las piernas)

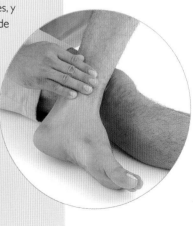

Evite manipular este tsubo si está embarazada, ya que fortalece las contracciones, y puede inducir una labor de parto prematura. Presione el dedo meñique arriba de la parte interior del tobillo. Observe la ubicación del dedo índice: Vaso 6 debería estar debajo de él, detrás de la tibia. Presione el pulgar aquí. Mantenga la presión y deslice el pulgar hacia arriba y abajo hasta encontrar un punto que produce un dolor agudo. Trabaje lentamente sobre él, y concéntrese en movilizar la energía chi en forma ascendente por las piernas. El masaje en este tsubo alivia los molestos calambres menstruales y brinda más energía chi a las piernas.

QI GONG

Mi experiencia sobre el sistema de ejercicios chinos conocidos como qi gong es que armoniza la energía chi interior con todo el campo de energía, estimulando al cuerpo para que produzca sus propios movimientos espontáneos para redistribuir, expulsar o absorber energía chi y restaurar el equilibrio. La idea predominante es que el subconsciente reconoce instintivamente lo que el cuerpo necesita. Al entrar en un estado en el que el subconsciente se hace cargo, el cuerpo realiza los ajustes necesarios.

Para prepararse para comenzar con los movimientos espontáneos que tipifican los ejercicios del chi gong debe estar descalzo y con ropa suelta de algodón. Los movimientos iniciales están dirigidos a mover libremente una parte específica del cuerpo sin utilizar los músculos relevantes. Esto lo ayuda a relajarse y le brinda la posibilidad de mover partes del cuerpo sin un esfuerzo consciente. Es importante encontrar un compañero o un maestro en quien confiar y con quien se sienta cómodo para trabajar, de manera que pueda observar sus movimientos de cerca para verificar que no se deja llevar por órdenes conscientes.

BALANCEO DE BRAZO Y PIERNA

Párese con los pies separados a la altura de los hombros. Doble las rodillas y comience a rotar las caderas, apóyando en el talón del pie que lleva adelante. Deje los brazos relajados de manera que puedan balancearse y caer a los costados cuando cambia la dirección de los movimientos. Realice los ajustes necesarios en los movimientos del cuerpo para lograr el mayor impulso posible. Cuando ya se sienta cómodo con estos movimientos, respire energía chi para los brazos cada vez que exhala. Realice este ejercicio con regularidad para aflojar los brazos. Luego, balancee los brazos hacia atrás y hacia adelante como si estuviera esquiando. Doble las rodillas para crear un movimiento de oscilación en los brazos. Vuelva a erguirse y a doblar las rodillas para aumentar la extensión del balanceo hasta que los brazos roten sobre los hombros. Sienta el movimiento de las articulaciones de los hombros sin usar los músculos locales. Párese sobre una pierna y comience a mover espontáneamente la otra pierna inclinando la pelvis hacia atrá y adelante. Mantenga la rodilla relajada y deje que se doble libremente cuando lleva la pierna hacia atrás. Repita con la otra pierna. Si le cuesta mantener el equilibrio, sosténgase de un mueble.

EJERCICIO PARA RODAR

Esta secuencia ayuda a desarrollar la autoconfianza y estimula movimientos de flujo que brindan flexibilidad a los músculos de la espalda. Siéntese sobre una esterilla, con suficiente espacio atrás. Cruce las piernas y sostenga con firmeza los pies o los dedos con las manos. Realice un rol hacia atrás. Arquee la espalda y enróllese hasta llegar a la base del cráneo, luego vuelva a sentarse. Practique mecerse hacia atrás y hacia adelante sin interrupciones para masajear la espalda. Sienta la presión de cada vértebra de la columna contra el piso.

Para realizar un movimiento más avanzado, póngase de pie y realice un rol sobre la espalda. Doble las rodillas y retroceda un paso mientras eleva los brazos hacia adelante. Inclínese hacia adelante mientras dobla la pierna

trasera y realice un rol hacia atrás. Eventualmente, debería mecerse sobre la cabeza y luego hacia adelante con el suficiente impulso como volver a ponerse de pie. Use los brazos extendidos y los pies como palanca para volver a ponerse de pie. Retroceda con el otro pie y repita. No realice estos ejercicios si sufre de dolencias en la espalda o un desplazamiento de discos. Asegúrese de que la superficie sea blanda y de que haya suficiente espacio atrás.

EJERCICIO DE ABRAZO AL ÁRBOL

La imaginación mental de este ejercicio requiere que se imagine de pie frente a un gran árbol, abrazando el tronco. Encuentre una posición en la que pueda mantenerse "anclada" a esta visión durante el mayor tiempo posible. Aléjese de la escena y visualice cada detalle del árbol y cómo se siente mientras lo abraza. La próxima vez que visite un parque, abrace un árbol verdadero para adquirir experiencia práctica, lo cual resultará muy útil para los próximos ejercicios. Los árboles tienen una abundante energía chi con movimiento vertical, especialmente a la mañana y durante la primavera, cuando esta energía se activa. A la inversa, durante el atardecer y el otoño esta energía chi vuelve a descender. Un contacto cercano con los árboles influirá en su propia energía chi y estimulará un flujo ascendente o descendente de la misma. Si se siente abatido, levántese temprano y busque un árbol. Vea cuánta energía chi ascendente puede tomar de él. Si busca el efecto opuesto y desea sentirse más asentado, realice este ejercicio más tarde, cuando el sol se esté poniendo. Párese con los pies separados, doble las rodillas e incline la pelvis hasta encontrar

una posición cómoda. Relaje los hombros, y coloque los brazos en la pose de abrazar un árbol. Mientras se encuentra en esta posición apriete el mentón, y observe cualquier incomodidad para realizar los ajustes necesarios para sentirse cómodo. La postura ideal desarrollada estimulará una circulación de la energía chi interior más fácil que libera el campo de energía y permite que éste se asiente nuevamente en forma armoniosa. Pida a alguien que observe sus movimientos para que le aconseje qué ajustes debe realizar en la postura, o practique frente a un espejo.

SOLTARSE

Sugiero trabajar primero en los ejercicios de qi gong de las páginas 122-123 durante algunas semanas para preparar el cuerpo para el siguiete paso de cultivar la sensación de dejarse ir. Existen dos formas de hacer esto: de pie o acostado. Encuentre cuál le resulta más cómodo. Estar de pie le permite ejercitar la mayor libertad de movimientos, pero le resultará más fácil comenzar acostado de espalda (la posición de relajación clásica). Acentúe todos los movimientos emitiendo un sonido cuando comience a moverse. Esta liberación debe ser natural y es un fantástico punto de comienzo para los movimientos libres y espontáneos de qi gong. Al final de los ejercicios de preparación, practique movimientos subconscientes manteniéndose de pie en una posición relajada, y retrocediendo mientras apoya sólo los dedos de los pies y la parte delantera sobre el suelo. Permita que esto provoque un movimiento natural dejando la mente en blanco y concentrándose en su respiración. Fíjese si puede realizar el mismo movimiento rítmico del pie con otras zonas del cuerpo.

Intercambie los pies para ver si esto provoca la reacción deseada. El desafío sutil que caracteriza el qi gong no es permitir que la mente se apodere de decisiones conscientes, sino que en este caso, de qué articulaciones quiere mover y qué dirección. No fuerce nada, bríndele al cuerpo posibilidades y cuando llegue el momento adecuado, esto

sucederá naturalmente. Acuéstese de espalda y comience a sacudir las caderas en forma rítmica. Deje que roten, se tuerzan, se inclinen o realicen cualquier movimiento natural. Respire profundamente y concentre su mente sólo en la repiración, resistiendo cualquier tentación de su mente consciente.

Después de un momento, los brazos, las piernas y el cuello comenzarán a moverse espontáneamente.
Una vez que hayan comenzado estos movimientos, si lo desea apóyese sobre un costado o cambie completamente de posición. Eventualmente, sentirá que los movimientos se apaciguan. Permanezca quieto hasta asentarse por completo.

EJERCICIO PARA EL CAMPO DE ENERGÍA

Este ejercicio está diseñado para que mueva y "juegue" con la periferia del campo de energía chi. Consistirá en pasar las manos por todo el cuerpo sin tocar físicamente la piel.

Inclínese hacia delante con los pies separados y dibuje un círculo imaginario a su alrededor. Pase las manos por los costados de las piernas y a lo largo de todo el cuerpo hasta llegar a las axilas. Extienda bien los brazos. Coloque las palmas hacia abajo y llévelas hacia la parte trasera del cuello. Pase las manos junto a las orejas y extiéndalas sobre la cabeza antes de deslizarlas por el frente del cuerpo nuevamente hacia los pies.

Pase las manos por la parte trasera de las piernas y el torso. Cuando ya no las pueda elevar más en la espalda, extiéndalas desde las axilas y páselas por la parte delantera y trasera de la cabeza. Colóquelas a los lados del cuerpo y bájelas hasta los pies. Continúe moviendo el frente del cuerpo y comience una nueva secuencia durante la cual cubrirá todos los ángulos del cuerpo y desde todas las direcciones. Realice todo el proceso más rápidamente y conviértalo en un trabajo revitalizante para remover la energía chi de la superficie.

VENTOSAS

El uso de ventosas, utilizadas durante miles de años en Oriente, donde aún forma parte integral de la práctica médica tradicional, es una técnica restauradora que extrae el exceso de energía chi en puntos localizados del cuerpo. El principio fundamental es crear un vacío de aire parcial sobre la zona afectada para absorber energía chi a través de la superficie de la piel. Las ventosas, que a veces se utilizan junto con la acupuntura, resultan muy útiles para aflojar rigideces localizadas o zonas tensionadas. Pruebe el siguiente ejercicio en cualquier parte del cuerpo de su compañero que se sienta rígido, caliente o tenso. Las ventosas sólo funcionan en zonas relativamente planas, en especial aquellas carnosas y sin bello. Por lo tanto, no son adecuadas para las rodillas,

los codos o cualquier lugar de la cabeza, pero se pueden aplicar fácilmente en los músculos de la espalda, el abdomen, y las piernas. Necesitará una botella de aceite para masajear, una vela y un frasco redondo y poco profundo.

EL PROCEDIMIENTO

La persona que va a ser tratada se acuesta boca abajo, con la columna vertebral completamente expuesta. Arrodíllese junto a él y comience a frotar un poco de aceite en la zona que va a recibir el tratamiento 1.
Encienda la vela. Tome el frasco y colóquelo boca abajo antes de ponerlo cerca de la llama de la vela 2. El objetivo es calentar solo el aire del interior del frasco, y no el frasco, por lo tanto asegúrese de que permanezca frío. Tenga

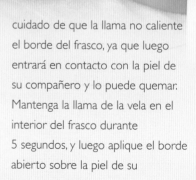

cuidado de que la llama no caliente el borde del frasco, ya que luego entrará en contacto con la piel de su compañero y lo puede quemar. Mantenga la llama de la vela en el interior del frasco durante 5 segundos, y luego aplique el borde abierto sobre la piel de su

más amplia deslizando el frasco sobre la piel aceitada de su compañero. Luego coloque la boca del frasco sobre las zonas que quiere tratar. Si se le afloja la ventosa en algún momento, vuelva a calentar el aire del interior del frasco y vuelva a empezar. Respire energía chi conscientemente a través de su piel y en el frasco con la ayuda de su mente. Su compañero debe informarle si siente "liviandad" en la zona tratada.

Si está aplicando un masaje con aceite a alguien y quiere infundir una sensación de tranquilidad, utilice dos frascos. Deslícelos hacia

arriba y hacia abajo a lo largo de la columna vertebral de su compañero, para descargar el exceso de energía chi, relajar los músculos y liberar tensión de la columna vertebral.

compañero. Si la llama de apaga antes de los 5 segundos (se agotó todo el oxígeno), esto puede indicar el momento adecuado de aplicar el frasco en la piel de su compañero 3.

Haga esto rápidamente antes de que el aire del interior del frasco se enfríe 4. Puede cubrir una zona

VENTOSAS PROFESIONALES

En la Medicina China Tradicional, las ventosas filtran la energía chi agotada realizando una acción de sifón sobre la sangre estancada a través de la superficie de la piel, un tratamiento que brinda alivio inmediato de la tensión y deja una sensación de "liviandad" en las zonas tratadas. Si el practicante siente que hay zonas con mala circulación o un flujo de energía chi lento, puede llevar a cabo una sesión de ventosas. Las zonas seleccionadas se golpean con un pequeño martillo, con finas agujas cortas, produciendo un efecto similar al de introducir y sacar repetidamente agujas de acupuntura en la piel. En la piel se aplica aceite o agua jabonosa para que esté más resbalosa y permita que el frasco se deslice. Luego el practicante coloca el frasco caliente sobre las zonas elegidas. El vacío interior sacará sangre por los diminutos pinchazos de la piel que realizaron las agujas de la punta del martillo. Al deslizar el frasco aparecerá una fina capa de sangre sobre la superficie de la piel. Esto es normal y es parte del proceso de liberación de toxinas internas o energía chi atrapada. Cuando se retira el frasco de la ventosa se limpia cualquier descarte. No debería aparecer más sangre.

LA ENERGÍA *Chi*
Y LAS EMOCIONES

El libre flujo de energía chi impacta no sólo en nuestros cuerpos y en nuestras mentes, sino también sobre nuestras emociones. La calidad de la energía chi emocional es susceptible a sufrir cambios cuando entra en contacto con la energía chi circundante, y de la gente y objetos que nos rodean. Explore la conexión entre los meridianos y determinadas emociones para mejorar el bienestar emocional. Cree una atmósfera que favorezca las relaciones exitosas, y una unión emocional a través de alimentos energizantes, satisfacción sexual, calibración regular de los chakras, reiki y curación a través de las palmas.

ELONGACIÓN DE LOS MERIDIANOS

Cada meridiano se relaciona con determinadas emociones, las cuales a su vez se relacionan con determinadas dolencias físicas. La energía atrapada en los distintos meridianos se puede liberar a través de una serie de ejercicios conocidos como elongación de los meridianos, los cuales estimulan un flujo armónico de la energía chi en el cuerpo al liberar las emociones reprimidas, y mejorando la capacidad de curación y la elasticidad. Acompañe estas elongaciones con ejercicios de respiración e intensas visualizaciones concentradas en la energía chi.

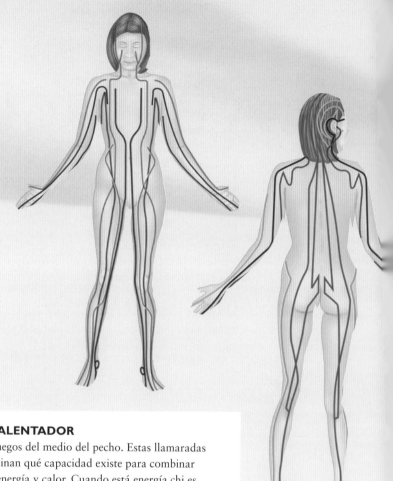

● MERIDIANO DEL TRIPLE CALENTADOR

Este meridiano representa los tres fuegos del medio del pecho. Estas llamaradas simbolizan el metabolismo y determinan qué capacidad existe para combinar alimentos y oxígeno para producir energía y calor. Cuando está energía chi es intensa, un agolpamiento natural de energía en el abdomen lo ayudará a sentirse cálido, generoso, abierto y expresivo. Si esta energía se diluye, experimentará temblores y perderá el deseo de enfrentar desafíos.

Párese o siéntese y cruce el brazo por adelante del cuello hasta llegar a la parte superior de la espalda. Sostenga el codo con la mano opuesta y comience a elongarlo desde el hombro en cada exhalación.

Imagine que está encendiendo estos inmensos hornos en su torso. Sienta un brillo caliente, de color naranja que se expande a través del cuerpo.

CLAVE DE LOS MERIDIANOS

- ● Riñón
- ● Vejiga
- ● Pulmón
- ○ Intestino grueso
- ● Hígado
- ● Vescícula biliar
- ● Bazo
- ● Estómago
- ● Intestino delgado
- ● Governador del corazón
- ● Corazón
- ● Triple calentador

● MERIDIANO GOBERNADOR DEL CORAZÓN

El meridiano gobernador del Corazón refleja el sistema circulatorio
que distribuye la energía chi por el cuerpo. Su flujo de energía
ayuda a expandir la energía chi a la periferia del cuerpo, e influye
en la definición del contorno del aura o campo de energía
exterior. Cuando este movimiento es libre, usted debería
funcionar bien en todos los niveles. Si esta energía chi está
estancada o bloqueada, se sentirá desconectado o alejado.
Elongue un brazo hacia delante con la palma hacia arriba.
Sostenga los dedos de esta mano y empújelos hacia atrás
mientras empuja la muñeca hacia fuera. Sienta la elongación
desde el centro de la muñeca hasta la parte interior del antebrazo.
Asegúrese de que el codo esté completamente abierto ya que el
meridiano gobernador del Corazón expande energía chi e imagine que
la energía interior del cuerpo es más armoniosa.

● MERIDIANO DEL INTESTINO GRUESO

Cuando la energía chi del meridiano del Intestino Grueso
fluye fácilmente, debería sentirse satisfecho, seguro de
que todo está bajo control, y que está realizando cada
tarea con su mejor habilidad. Cuando este tipo de
energía se encuentra dispersa, puede sentir que está
perdiendo el control. Esto puede conducir a que se
sienta abatido, debido a la falta de energía.
Párese con los pies separados a la altura de los
hombros. Cruce los pulgares atrás de la espalda (ver
fotografía). Inhale. Inclínese hacia adelante cuando
exhala, incline la cabeza hacia las rodillas, empuje las
manos hacia arriba hasta que sienta la elongación en la
articulaciones de los hombros. Mantenga esta posición durante
algunos segundos. Respire profundo. Inclínese hacia atrás y lleve
las manos hacia el suelo. Deje caer la cabeza cuando exhala.
Cuando los músculos abdominales se tensen, sienta la elongación
en la parte superior de los brazos, los hombros y el pecho.
Cada vez que se incline hacia adelante, imagina que está
expulsando toda la energía chi de los pulmones y los
intestinos. Póngale un color oscuro a esta energía (por
ejemplo, negro) y un sonido profundo (por ejemplo, un
quejido) cuando sienta que abandona su cuerpo.
Cuando se incline hacia atrás visualice una energía chi
pura, saludable, luminosa, y vibrante que llena sus
pulmones e intestinos. Caracterice esta energía con un
color alegre (como el verde o el azul) y un sonido
agradable (como el de olas rompiendo).

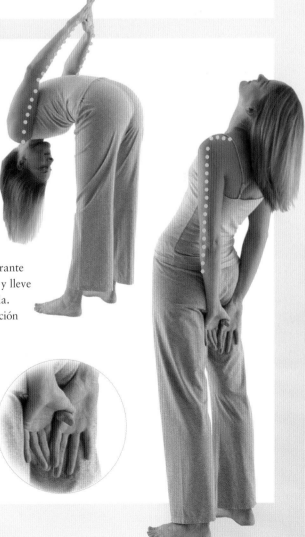

● MERIDIANO DEL PULMÓN

Al respirar interactuamos con el mundo que nos rodea.
La energía chi del meridiano del Pulmón gobierna está
conexión y se encarga de absorber y dispersar la energía
chi en su medio ambiente más cercano. Cuando es intensa,
uno se siente conectado y en armonía con todos y con todas
las cosas. Si es débil, uno se puede sentir deprimido y
aletargado.

Párese o siéntese y aplauda atrás del cuello. Respire profundo con el pecho.
Mientras exhala empuje con los codos hacia atrás, mantenga la cabeza
erguida para abrir los pulmones. Profundice el elongamiento en los
músculos pectorales (donde comienza el meridiano del Pulmón)
inclinando la cabeza hacia atrás. Junte los codos sobre la parte baja del
pecho cuando exhale. Exhale completamente, comprimiendo bien los
pulmones antes de volver a inhalar y abrir el pecho nuevamente.
Imagine que sus pulmones son dos esponjas que exprimen jabón sucio
cuando se inclina hacia adelante, y absorben agua pura y limpia
cuando se abre.

● MERIDIANO DE LA VESCÍCULA BILIAR

Fundamentalmente está asociada con el refinamiento de la
energía chi que entra en su cuerpo, la vescícula biliar ayuda a
desintegrar las grasas y el meridiano impulsa a la acción,
manteniendo alerta. Si abunda, este tipo de energía puede
convertirlo en demasiado agudo.

Párese con los pies separados el doble del ancho de los
hombros. Levante y elongue un brazo sobre la cabeza.
Profundice la elongación de ese lado del cuerpo hasta que la
sienta desde el cuello hasta la cadera.

Imagine que está disolviendo sentimientos y ablandando zonas
duras del interior del cuerpo. Imagine manteca que se derrite si
esto lo ayuda con el movimiento. Centre la energía chi donde
comience a sentir la elongación y diríjala al centro del torso
para aumentar la elasticidad.

■ CONSEJO DE SIMON

Coordine su patrón de respiración para que al elongar en la
exhalación pueda alcanzar ese poquito más... Resulta bueno
practicar con ambos lados del cuerpo, cuando haya
completado la elongación sobre un lado, repita sobre el otro.

● MERIDIANO DEL INTESTINO DELGADO

Cuando la energía chi penetra a través del meridiano del Intestino Delgado se obtienen sentimientos de abundancia y satisfacción. Si esta energía se dispersa, se puede experimentar debilidad e incapacidad para recibir el amor y el sustento que le ofrecen los que lo rodean.

Busque una barra o un borde seguro que se encuentre a una altura cómoda sobre su cabeza. Pruebe si puede alcanzarlo manteniendo los pies apoyados con firmeza sobre el suelo. Sosténgase de ella doblando las rodillas para sentir la elongación en los brazos y la parte superior del cuerpo. También debe sentir la elongación en los omóplatos. Aunque la elongación sea profunda no cruce los pies. No se cuelgue de la barra, ya que esto le tensionará los brazos y no se podrá relajar.

Mientras trabaja en esta elongación, sienta que la energía chi ingresa en su cuerpo. Cuando inhale absorba tanta energía como pueda. Cuando exhale espárzala por toda la zona.

● MERIDIANO DEL CORAZÓN

El biorritmo que alimenta su espíritu luchador se transporta por el meridiano del Corazón. Cuando esta energía chi está funcionando bien se sentirá en la cresta de la ola. Si esta energía es demasiado activa, tendrá un temperamento explosivo, propenso a la histeria e incapaz de manejar las tensiones.

Elongue este meridiano colocando el brazo atrás de la cabeza. Lleve la mano hacia adelante, elongue la parte interior del brazo y retroceda el codo hasta que sienta la elongación en el hombro. Incline la cabeza hacia atrás para aumentar la elongación.

Ajuste con el ritmo del corazón y deje que los latidos repercutan por el cuerpo. Imagine que tiene un tambor dentro del pecho que envía vibraciones a través de todo el cuerpo. Deje que viajen y se aleje a través de las puntas de los dedos de las manos y de los pies.

● MERIDIANO DEL HÍGADO

Cuando la energía chi del meridiano del Hígado fluye libremente, usted estará alerta y activo, mientras que un exceso provocará que se sienta irritable y propenso a precipitarse sobre las cosas. Siéntese en el suelo, con las piernas estiradas. Coloque los pies hacia adentro, con las plantas juntas y los talones cerca del cuerpo. Deje caer las rodillas a los costados. Sostenga ambos pies y apoye los codos sobre el interior de las rodillas. Inclínese hacia adelante cuando inhala. Empuje las rodillas hacia abajo con los codos. Sienta la elongación en el interior de las piernas. Imagine que esta energía chi se eleva por su cuerpo, creando una sensación interior postiva y confidente.

● MERIDIANO DE LA VEJIGA

La energía chi del meridiano de la Vejiga está asociado con percepciones sobre el pasado. Cuando la energía chi del meridiano del Bazo fluye con intensidad, se sentirá cómodo con todo lo que ha sucedido y con la protección que le brindaron los que lo rodean.

Si la energía está débil, siempre estará preocupado por lo que los demás están complotando a sus espaldas. Siéntese en el piso con las piernas derechas o párese con los pies juntos. Cuando exhale, inclínese hacia adelante y toque los tobillos o los dedos de los pies. Empuje hacia adelante, aumentando la elongación en la parte trasera de las pierna, con las rodillas rectas. Deje caer la cabeza hacia adelante y sienta la elongación hasta la parte trasera de la cabeza. Imagine que está flotando en agua tibia salada. Nade en la sensación de que lo están conteniendo y protegiendo. Deje que el agua disuelva los miedos y lave las inseguridades del pasado.

● MERIDIANO DEL BAZO

La función principal del meridiano del Bazo es mantener la energía chi interior limpia y pura. Cuando esta energía está concentrada, usted se siente decidido, estable y capaz de llevar una vida ordenada, caracterizada por rutinas saludables. Cuando esta energía se bloquea, se pierde el sentido de la dirección y se experimentan cambios de carácter, celos y compasión por uno mismo.

Párese con las piernas bien separadas. Doble una rodilla y apoye el peso del cuerpo sobre ese pie. Mantenga el cuerpo erguido para sentir la elongación en el interior de la pierna estirada. Aumente la elongación apoyando las manos sobre el muslo y presionando hacia abajo, mientras dobla más la rodilla.

Imagine que el agua del cuerpo se convierte en cristal. Visualice el sol brillando sobre esta superficie y expulsando la energía chi vieja y agotada.

● MERIDIANO DEL RIÑÓN

El meridiano de la energía chi del Riñón suministra vitalidad a su vida. Está asociado con el deseo sexual y el manejo individual. La presencia de esta energía le permite ser valiente, aventurero y enfrentar desafíos. Si se debilita, podrá desarrollar miedos no naturales e inseguridades, incrementando el riesgo de una continua inquietud.

Párese con los pies separados. Sepárelos bien, más allá del ancho de las caderas, hasta que sienta la elongación en el interior de las piernas. Incline la parte superior del cuerpo hacia adelante y sosténgase apoyando las palmas de las manos en el piso. Deje que el cuerpo caiga hacia delante para quela elongación llegue al meridiano del Riñón.

Visualice una sensación colorida, intensa, cálida en la parte baja de la espalda. Imagine el sol brillando en esta zona y bañándola con energía. Vuelva a erguir el cuerpo. Coloque las manos sobre la parte baja de la espalda para transmitir energía adicional.

● MERIDIANO DEL ESTÓMAGO

La energía chi contenida a lo largo del meridiano del Estómago representa su "hambre" por la vida. Cuando funciona bien, esta energía chi le brinda la energía necesaria para abrirse camino en el mundo, ya sea buscando empleo o tratando de ascender posiciones laborales. Si esta energía es demasiado intensa, se convertirá en un obsesivo por el trabajo y el dinero.

Apriete los dedos de los pies y arrodíllese. Apóyese sobre los brazos o los codos para acostarse de espalda, con las piernas dobladas a los costados del cuerpo. Si le resulta difícil hacerlo, no fuerce ningún movimiento y acuéstese sobre almohadones. Elongue los brazos sobre la cabeza sintiendo esta elongación desde las rodillas hasta el pecho.

Imagine una entrada grande y colorida que se abre ante usted: más allá de ella se encuentran todas las cosas por las que se esfuerza en la vida; avance para descubrir nuevos desafíos.

CREAR UN AMBIENTE PARA ESTABLECER RELACIONES EXITOSAS

 GENTE

Para comprender por qué le otorgamos tanta importancia a las relaciones primero debemos observar cómo funcionan. Las relaciones son una gran fuente de felicidad y miseria en nuestras vidas, y la gente me pide consejo en ambos extremos del espectro de las relaciones, ya sea porque quieren mantenerse vinculados a alguien, o porque se quieren alejar de un compañero que los hace sentir miserables.

Para sobrevivir los seres humanos necesitan establecer relaciones buenas y estables desde que nacen. En términos de la evolución, las comunidades donde los hombres y las mujeres formaron sociedades a largo plazo resultaron mejores para criar hijos que aquellas en las que la responsabilidad recaía en un solo padre. La sociedad reforzaba esta necesidad biológica: criar niños fuertes y saludables que más tarde suplían a los miembros más débiles o ancianos de la familia.

Las parejas contemporáneas son muy diferentes de las primeras eras. Hoy en día no es imprescindible tener hijos para asegurarse de que nos cuiden cuando seamos ancianos: las pensiones cuidan de la gente mayor. Además existe una realidad económica: hay una mejor situación financiera cuando no se tienen hijos. Como la discriminación disminuyó y los hombres y las mujeres tienen cada vez más igualdad de oportunidades laborales, el patrón del hombre proveedor y la mujer en el hogar ha disminuido, y con él el énfasis en la familia, el hogar y la estabilidad.

La supervivencia básica ya no se basa en ser la mitad de una pareja y muchos individuos prefieren mantenerse o mantienen una larga cadena de relaciones informales y descartables sin mayores compromisos. En consecuencia, la dinámica de las relaciones ha sufrido una considerable transformación. Dejando de lado el dolor emocional, nunca fue fácil terminar con una relación ya que existen menos implicancias económicas y sociales al mantenerse juntos.

Aunque nuestra red evolutiva está programada para que nuestras especies quieran comenzar a formar una familia biológica para la supervivencia de la especie, las razones psicológicas para querer vincularse con otro son mucho más complejas: todos queremos amar y ser amados, y disfrutamos de una gran seguridad al formar parte de una pareja. Por otra parte, dos personas

LA PAREJA IDEAL

Los desafíos que todos enfrentamos son saber qué queremos realmente de una relación y qué estamos preparados a ceder para que la misma funcione. Coloque los siguientes beneficios por el orden de importancia que representan para usted y compárelos con la lista confeccionada por su pareja. Si existen diferencias, anótelas y vea cómo ambos pueden satisfacerse mutuamente. Es importante que la energía chi (o química) funcione con armonía entre usted y su pareja. La calidad de la interacción entre su energía chi y la de su pareja tiene una significativa importancia en el funcionamiento (o no) de la relación.

Afecto	Tocar y dejarse tocar.
Compañerismo	Saber que alguien comparte sus intereses.
Amistad	Sentir que alguien lo respeta y quiere ser parte de su vida.
Diversión	Reírse juntos.
Amor	Los sentimientos de amar y ser amado.
Seguridad	Compartir problemas y saber que puede confiar en alguien.
Sexo	Placeres físicos.
Vida social	Tener amigos mutuos y salir juntos.
Contención	Saber que alguien está allí cuando se siente agobiado o está enfermo.
Trabajo en equipo	Realizar cosas juntos y ayudarse mutuamente para salir adelante.

pueden obtener más que la suma de sus esfuerzos individuales cuando trabajan bien en equipo. Creo que ésta es la razón por la cual la gente aún quiere mantener relaciones.

LA ENERGÍA CHI EN LAS RELACIONES

Creo que cuando dos personas están frecuentemente juntas crean una dinámica de vida específica en su relación. Cuanta mayor intimidad tengan, mayor será la cantidad de energía chi que comparten. Una vez que comience a dedicar la mayoría de su tiempo a otra persona, su energía chi se mezclará

inevitablemente con la de ella. Durante el sexo, cuando comparten la mism[a]
cama o cuando comparten un tiempo realizando actividades juntos, s[u]
energía chi cambiará y se verá influida por la de su pareja o amant[e].
Gradualmente se dará cuenta de que la presencia de esta otra persona lo hac[e]
sentir y pensar de una determinada manera.

La gente que tiene relaciones de larga data se parece y se comporta como e[l]
otro. Cuando sus energías chi se funden bien, esto se convierte en la fuerz[a]
motriz de la relación. Las fuerzas exteriores, como la energía del hoga[r]
también pueden influir en los campos de energía de ambos y en el de l[a]
relación.

La calidad de la energía chi del exterior se puede regular con prácticas de feng
shui. Por ejemplo, tome algo que pertenzca a su pareja (como un mechón de
cabello), y conserve este objeto cerca suyo. Seleccione un artículo que su
pareja use o toque con frecuencia, y uno que esté dentro de su campo de
energía como una prenda de vestir, una joya o un reloj. Compartir posesiones
materiales agiliza el proceso de conocimiento mutuo y ayuda a establecer una
sensación de intimidad. Usar algo de su amado sobre la piel llevará algo de la
energía chi del mismo a su campo de energía. Esto es agradable si tienen que
estar separados durante largos períodos. Les recomiendo que guarden los
cepillos de dientes, del cabello y los zapatos juntos; y que cuando guarden
ropa mezclen artículos de ambos guardarropas. Coloque en la casa
fotografías de ambos compartiendo momentos felices para afianzar los
sentimientos de unidad y participación.

VINCULARSE A TRAVÉS DE LA COMIDA

El deseo por la comida y el sexo son los instintos principales de la autoconservación en nuestra especie, una mezcla ideal para ponernos en contacto con necesidades más profundas y ocultas.

Invite a alguien que le resulte atractivo o con quien esté involucrado a una comida íntima. Si la propuesta es comer en casa, tendrá un mayor control del ambiente, la iluminación, la distribución de las sillas y el menú, que si sale a comer afuera. Comparta la comida comiendo del mismo plato (o el mismo recipiente) para establecer una sensación de intimidad y complicidad. Esta tradición culinaria es común entre las culturas orientales, cuyas costumbres indican que los platos se deben compartir utilizando palillos chinos. Compartir la comida (y la energía chi) de este modo lo estimularán a usted y a su pareja a interactuar en forma más íntima. Esta práctica reitera el valor de la tradicional comida familiar (ahora tristemente fuera de moda), originalmente diseñada para brindarles a los miembros de la familia momentos específicos para sentarse, compartir el mismo alimneto y energía, y los mismos vínculos. En las grandes ciudades, donde la mayoría de las personas come separada o sola, existe una enorme polaridad entre los individuos, lo que les dificulta conectarse a través del ritual de la comida.

EL FENG SHUI Y EL HOGAR

Aumente las posibilidades de tener relaciones armoniosas y satisfactorias creando un ambiente tranquilo, sin tensiones, en el que ambos puedan solucionar las diferencias. Un hogar feliz es aquel que tiene mucha luz natural, sol y aire puro. Después de una discusión con su amado, abra todas las ventanas y limpie el hogar para refrescar la energía chi circundante.

En aquellas zonas en las que la energía chi está comprimida, se mueve demasiado rápido, o está confinada, aumenta la probabilidad de conflictos. Durante una discusión, la energía chi que proyectan ambos miembros de la pareja se irradia al exterior y contamina el ambiente circundante, prolongando el trauma. Si esto ocurre con regularidad, puede terminar viviendo en algún lugar donde siempre se produzcan discusiones.

Para evitar esto, recorra su hogar y busque los rincones agudos ya que éstos dirigen la energía chi de flujo rápido a las habitaciones que señalan, creando zonas de tensión. Esto es particularmente importante en el dormitorio, donde los bordes que señalen la cama los expondrán a un rápido torbellino de energía chi mientras duermen. Para apaciguar este torbellino, mantenga todas las puertas de los armarios o guardarropas cerradas, y los rincones, muebles o paredes con bordes agudos cubiertos con plantas con mucho follaje. Las plantas irradian energía chi saludable, purifican el aire, absorben los sonidos y crean un ambiente natural. Alternativamente, cubra los rincones con cintas con cuentas,.

Use luces difusas, luces de mesa y velas para reflejar la luz sobre las paredes o los cielo rasos y crear una ambiente más acogedor. Las velas emiten una luz suave y cálida que nos hace sentir románticos o apasionados, en especial, en el dormitorio. Las lámparas de mesa, especialmente aquellas con pantallas de tela, llevan la energía de una habitación más cerca del suelo, facilitando la relajación y concentrarse en su amado. Las sillas bajas, y los almohadones grandes favorecen el clima para el amor. La iluminación dirigida es ideal para crear un clima vibrante y estimulante, pero no son aconsejables para bajar los niveles de energía y crear una mayor intimidad.

Introduzca una variedad de materiales naturales en su hogar para mantener la energía chi pura y vigorizante. Los objetos como la ropa y la tapicería deberían ser de telas naturales. Las superficies extensas como los pisos, deben tenerse muy en cuenta: para ellos son recomendables la piedra, la madera o las alfombras de lana.

LA MIRADA DEL AMOR
Las relaciones llenas de energía positiva resultan ser fuertes y los individuos se sienten mejor ante la presencia de la otra persona.

REIKI

El sistema japonés de curación a través de las palmas, conocido como reiki, está centrado en la habilidad innata del individuo para canalizar su energía chi interior hacia el cuerpo del sanador, o al de un compañero para ayudarlo a mejorar el movimiento de energía chi localizado en zonas específicas. Una técnica se ajusta para todos y se repite el mismo movimiento una y otra vez, utilizando las manos. Si la energía chi de sus manos es saludable, le brindará esta energía a cualquier animal, persona o ser viviente que entre en contacto con sus manos. El reiki mejora el estado físico de energía chi localizada, sin importar si se mueve rápido, lento, hacia arriba, hacia abajo, o está demasiado comprimida, dispersa, expandida o concentrada.

Yo recomendaría entrenarse para convertirse en un maestro reiki y así adquirir y desarrollar el control sobre su energía chi. La creencia esencial es que el maestro transmi algo de su energía chi sanadora al estudiante quien, a su vez, ayudará los demás a convertirse en sanadores reiki. Creo que los beneficios del reiki se pueden sentir en forma inmediata, y los seres humanos ya tienen una inclinación natural para comprometerse en este tipo de técnica. Colocar una mano sobre un estómago dolorido o sostener una cabeza que late, son reacciones instintivas ante el dolor. Sin embargo, estos movimientos se convierten en más poderosos si puede entrenar su mente para que se concentre en transferir la energía chi a través de sus manos. Cuando uno se siente mal, resulta difícil aplicar el reiki en uno mismo, así que relájese y deje que otra persona realice la sanación.

Cuanto más refine su práctica mejor será su acercamiento y también los beneficios que recibirá de la energía chi del tratamiento. Cuando practique, concéntrese intuitivamente en las zonas tensionadas, cree una secuencia más prolongada, o simplemente combine el reiki con otros elementos de bienestar.

¿CÓMO FUNCIONA EL REIKI?

La fuerza vital conocida como "energía chi" fluye por nuestro cuerpo físico a través de los chakras y meridianos para nutrir células, tejidos y órganos. La energía chi responde a la calidad de los pensamientos y sentimientos. Se desorganiza cuando aceptamos, en forma consciente o inconsciente, pensamientos o sentimientos negativos sobre nosotros mismos, lo cual provoca roturas en el flujo interno de la energía chi, cuando ellos mismos atacan el campo de energía de nuestro cuerpo físico.

Durante el reiki, la sanación se produce cuando el flujo de la energía chi se estimula para que pase a través de las zonas agotadas del campo de energía de una persona para que se carguen con energía positiva adicional, elevar los niveles de actividad y alejar el exceso de energía. Al hacer esto, el reiki purifica, ordena y remedia todos los senderos de energía chi para que fluya de una manera saludable y normal.

Cuando me aplico el tratamiento a mí mismo se convierte en un proceso de meditación, en el que me concentro en absorber energía chi pura para luego pasarla a la persona que la va a recibir. El resultado final es que termino sintiéndome tranquilo energizado y con la mente despejada, mientras que la otra persona se beneficia con una absorción de energía chi pura. Hasta ahora, nunca tuve la experiencia de absorber la energía chi de otra persona de un modo negativo.

PROCEDIMIENTO

Busque un lugar interior tranquilo o un espacio exterior apartado, con aire puro, luz natural y sol. Si se encuentra en una habitación cerrada, asegúrese de que haya suficiente espacio (para no confinar su energía chi), ya que el encierro tiende a sofocar el movimiento. Si practica reiki afuera, elija un lugar donde haya energía chi, cerca de un árbol, en el pasto o cerca de algunos arbustos. Si desea que el tratamiento sea bien revitalizante, siéntese en la ribera de un río, donde el agua en movimiento renovará la energía chi circundante. Cuando una persona recibe cualquier tipo de tratamiento terapéutico, la temperatura corporal del individuo baja, ya que éste entra en un estado de relajación. Por lo tanto es importante buscar un lugar cálido y tener mantas a mano para cubrir las partes del cuerpo de su compañero sobre las que no está trabajando. El receptor debe usar ropa de algodón puro; la presencia de materiales sintéticos pone en riesgo una buena conexión de energía chi. Complete la sesión en silencio para concentrarse por completo en la transferencia de la energía chi a su compañero. Explíquele cómo funciona el reiki y lo que puede esperar de antemano. Coloque las manos sobre varios puntos del cuerpo de su compañero para estimular una sanación general. Quizá necesite un tiempo extra para tratar ciertas zonas, si la energía chi local se calienta más lentamente. Apoye suavemente las palmas sobre su compañero, concéntrese en la respiración e imagine que está proyectando energía chi en lo profundo del cuerpo. El contacto debe ser mínimo, sólo el paso de las manos. No aplique presión ni se incline sobre las palmas. Siéntese cerca de su compañero, con los hombros cerca de la zona que está tratando. Deje que la parte superior de los brazos cuelgue de los hombros, con los antebrazos rectos hacia delante. Si la energía chi se canaliza bien, sus palmas comenzarán a calentarse. Muévase a otra parte del cuerpo de su compañero, y repita. Mantenga el cuerpo erguido y la cabeza alta. Esta postura permite que la energía chi se filtre a través de los chakras y descienda por los brazos hasta sus palmas.

■ CONSEJO DE SIMON

Para permanecer concentrado durante una sesión de reiki, formúlese preguntas sobre su compañero, incluyendo cómo está respirando, cuál es la temperatura de su cuerpo y la naturaleza de su postura.

PRÁCTICA DEL REIKI

Comience realizando el ejercicio de generación de energía chi de la página 32. Centre su energía inhalando y exhalando lenta y profundamente para calmar su mente y retardar los latidos del corazón a un ritmo de descanso. Pídale a su compañero que se acueste de espalda. Arrodíllese, siéntese con las piernas cruzadas o separadas y con la cabeza de su compañero entre ellas. Coloque las manos sobre los ojos de su compañero, observando y siguiendo el patrón de respiración. Concentre su atención en inspirar energía chi en él, y luego en sacarla a través de su cabeza. Coloque las manos suavemente a los costados del cuello de su compañero y sobre el mentón y las orejas 1. Trate de no respirar sobre el rostro de su compañero cuando se incline hacia adelante.

Cuando haya encontrado la posición ideal, relájese y vuelva a concentrarse en su respiración. Mantenga contacto con su energía chi dejando las manos cerca de su compañero. Ocasionalmente, levante las palmas para observar si se produce una conexión magnética. Cuando sienta que las palmas se le calientan, muévalas a la siguiente ubicación alejando lentamente las manos. Imagine que está ingresando energía chi en lo profundo del cuerpo de su compañero, ya que esto producirá un flujo más poderoso. Coloque las manos sobre la parte superior del pecho de su compañero 2. Esta zona se debe sentir libre y liviana. La pesadez o tensión podrían indicar sentimientos reprimidos. Inclínese hacia adelante con los codos sobre las rodillas y aplique un toque bien suave. Observe y sintonícese otra vez con la respiración de su compañero.

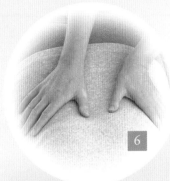

Coloque los brazos de su comapañero en un ángulo de 90°. Apoye las manos sobre sus hombros y la parte superior de los brazos 3. Una vez que sienta el cambio de la energía chi local, mueva las manos a los codos y los antebrazos. Arrodíllese cerca de la cadera de su compañero y mírele la cabeza. Apoye las manos en el abdomen de su compañero y observe su respiración. Utilice este ritmo para determinar su propia absorción de energía chi.

Retroceda a una posición que le permita apoyar las manos sobre la cadera y la parte superior de as piernas de su compañero. Siéntese con los pies de su compañero entre sus piernas 4. Mientras continúa absorbiendo energía chi, inclínese hacia adelante y coloque las manos sobre los pies. Levántelos muy lentamente y muévalos sólo cuando sus manos se hayan calentado.

Pídale a su compañero que se dé vuelta. Inclínese hacia delante y apoye las manos en los músculos de la pantorrilla 5. Para permitir que su energía chi fluya más libremente, apoye los codos sobre

las piernas. Cambie de posición y arrodíllese junto a las piernas de su compañero, con las manos sobre la parte superior de las mismas. Arrodíllese junto a las rodillas de su compañero y coloque las manos sobre la parte superior de las piernas para canalizar su energía chi hasta que las palmas se hayan calentado.

Apoye las manos en la parte inferior de la espalda de su compañero 6, antes de deslizarlas hacia la parte superior de los brazos, y eventualmente hacia la parte superior de la espalda. Vuelva a conectarse con la respiración de su compañero y trate de sentir su estado emocional actual. Compárelo con lo que parecía sentir cuando apoyó previamente sus manos en los pulmones. Verifique si hubo algún cambio. Coloque las manos en la parte trasera de la cabeza de su compañero 7. Inhale y

comience a proyectar energía chi tranquilizadora. Termine levantando lentamente las manos de la cabeza. Continúe respirando energía chi y sostenga las palmas cerca antes de alejarlas. Deje que su compañero se relaje en silencio para que su energía chi se asiente.

ARMONIZAR LOS CHAKRAS

CHAKRAS

En el cuerpo existen zonas de intensa actividad donde la energía chi concentrada se arremolina como una espiral. Éstos son los chakras: centros de energía que almacenan, dirigen y controlan su energía chi interior. Si se sostiene un péndulo que gire en círculos sobre distintas partes del cuerpo, se podrán localizar las diferentes ubicaciones (ver páginas 44-45). Los siete chakras están interconectados por 14 meridianos a través de los cuales se distribuye la energía al resto del cuerpo. En mi opinión, el movimiento más significativo de energía chi se produce a lo largo del canal central que corta todos estos centros de energía. Por el extremo superior de este circuito, la energía chi ingresa y sale a través del Chakra de la Coronilla, que se encuentra en la parte superior de la cabeza. En el extremo inferior, la energía chi escapa por debajo del torso vía el Chakra del Sexo.

La energía chi entrante por el Chakra de la Coronilla proviene del cielo, y efectivamente establece su conexión con el universo, y la energía chi que ingresa por el Chakra del Sexo lo vincula a la tierra. Cuando está de pie, su cuerpo se convierte en una antena entre la energía chi de la Tierra y la del universo. Cuando la energía chi ascendente de la tierra y la energía chi descendente del universo se encuentran adentro de cada chakra, la energía se combina y arremolina. Esta energía arremolinada es expulsada en un movimiento espiralado que permite que todo el cuerpo sea "tocado" por ambas energías, la de la Tierra madre y la del cosmos.

En la filosofía oriental, estas energías complementarias aunque opuestas simbolizan todo en la vida. La energía chi de la Tierra se origina en energía concentrada que emana del centro del planeta, la cual se expande rápidamente cuando entra en la atmósfera. Esta energía chi es la fuerza vital de nuestro planeta que penetra en las células de nuestros cuerpos para nutrirlos con un tipo de energía chi físicamente proveedora y maternal. La energía del universo se encuentra expandida y dispersa, pero se concentra cuando gravita hacia el planeta Tierra. Viaja hacia el centro del planeta llevando información sobre el universo, incluyendo acerca de la energía chi del pasado y el futuro, otros planetas y otras formas de vida. Cuando penetra en nuestros cuerpos en forma espiralada, nutre todas las células con información que nos inspira y crea la sensación de que en el universo existen fuerzas superiores a nosotros. Esto puede dar como resultado las creencias religiosas, prácticas espirituales o el deseo de expandir los horizontes familiares.

La vida florece donde estas dos fuerzas se encuentran, con mayor frecuencia cerca de la superficie de la tierra, donde cada tipo de energía chi sufre una transformación en su estado físico y pasa del estado sólido al gaseoso como aire en la atmósfera.

Ambos tipos de energía chi se mezclan intensamente en este proceso, en especial cuando la energía chi vertical es desviada lateralmente por la vegetación de la superficie del planeta. Los chakras se convierten en centrales internas de energía viviente, activadas por un intenso flujo combinado de energía chi que ingresa de la tierra y del universo. Es vital que sus Chakras de la Coronilla y del Sexo se mantengan abiertos para tomar libremente esta energía chi, la cual luego se debe filtrar a través de todos los chakras. Si uno de ellos se bloquea, esto restringirá el flujo de energía a los otros. Si el Chakra del Estómago se cierra, quizá porque se siente nervioso o tensionado, el flujo de energía de la tierra a los Chakras del Corazón, de la Garganta, del Entrecejo y de la Coronilla se reducirá visiblemente, mientras que los chakras más bajos se sentirán hambrientos de la energía chi del universo.

FORMAS PARA VOLVER A DIRIGIR Y DISTRIBUIR LA ENERGÍA CHI

Use la curación con las palmas, similar al reiki, para tranquilizar la energía chi en un chakra excesivamente activado, o para cerrarlo de modo que la energía

MEDITACIÓN Y RESPIRACIÓN

Siéntese o arrodíllese con la espalda erguida y concentre la mente en cada chakra, uno a la vez. Use visualizaciones separadas para abrir, cerrar, activar o calmar la energía chi contenida en cada uno. Comience por absorber energía chi por el chakra con el que quiere trabajar y utilice la mente para alterar la energía que contiene.

Para abrir un chakra. Piense en un narciso amarillo o en un tulipán abierto. Visualice gotas de agua cayendo en el chakra, enviando ondas o salpicando en todas direcciones. Alternativamente, imagine el sol subiendo en el chakra, esparciendo luz y calor. Exhale con exageración para esparcir más su energía chi.

Para cerrar un chakra. Visualice el sol poniéndose y esparciendo un brillo rosado mientras sus niveles de energía se asientan, o "cree" una criaturita

dentro del chakra que se enrosca y se duerme. Respire lenta y profundamente, con un ritmo tranquilo.

Para activar un chakra. Imagine el interior de un fuego rugiente, generando la sensación de abundante calor y energía. Cuando quiera energía chi extra, imagine enormes olas agitándose a través de sus chakras antes de romper. Respire profundamente y un poco más rápido para ayudar a este proceso energizante.

Para calmar la energía chi en el interior de un chakra. Imagine aguas turbulentas que se aquietan y aplanan. Visualice grandes copos de nieve cayendo sobre un paisaje tranquilo. Sienta la energía que desciende. Respire lenta y prolongadamente dejando que la exhalación se alargue antes de volver a respirar.

no drene demasiado rápido. Coloque las manos con firmeza sobre cad chakra para contener la energía chi y no dejar que se disipe. El sonido ayuda abrir los chakras y acelera el flujo de energía chi. El canto provocará intensa vibraciones dentro del cuerpo; las ondas sonoras surgirán a través de lo chakras para poner enmovimiento el flujo de energía chi que los activa.

Cambie el tono del canto para dirigir el sonido a una parte determinada de cuerpo (ver páginas 148 149).

Si desea que la energía chi ascienda por el cuerpo, comience en el Chakra de Sexo y continúe su camino hacia arriba; si desea bajar la energía chi comienc con el Chakra de la Coronilla y continúe el camino hacia abajo. Las distinta técnicas de meditación y respiración ayudan a controlar el mecanismo de lo chakras y estimulan a la energía chi para que se convierta en más tranquila más activa. Combine los ejercicios de canto, meditación y respiración para abrir y activar (o cerrar y tranquilizar) determinados chakras, también use distintos tipos de alimentos para obtener cambios a largo plazo en la forma en que la energía chi se desplaza en los chakras.

CURACIÓN CON LAS PALMAS

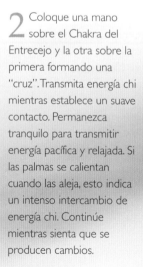
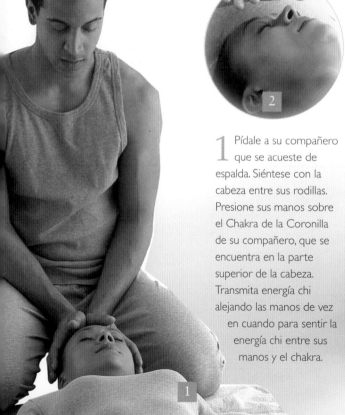

1 Pídale a su compañero que se acueste de espalda. Siéntese con la cabeza entre sus rodillas. Presione sus manos sobre el Chakra de la Coronilla de su compañero, que se encuentra en la parte superior de la cabeza. Transmita energía chi alejando las manos de vez en cuando para sentir la energía chi entre sus manos y el chakra.

2 Coloque una mano sobre el Chakra del Entrecejo y la otra sobre la primera formando una "cruz". Transmita energía chi mientras establece un suave contacto. Permanezca tranquilo para transmitir energía pacífica y relajada. Si las palmas se calientan cuando las aleja, esto indica un intenso intercambio de energía chi. Continúe mientras sienta que se producen cambios.

3 Coloque las manos suavemente sobre el cuello de su compañero, en el Chakra de la Garganta. Transmita energía chi en esta zona.

4 Apoye las manos en el centro del pecho de su compañero para calmar el Chakra del

CALIBRAR LOS CHAKRAS

Piense en los chakras como válvulas que regulan los distintos tipos de energía chi necesaria para llevar a cabo determinadas actividades. Por ejemplo, si desea más energía chi en el Chakra del Entrecejo para resolver problemas, es necesario abrir más el Chakra de la Coronilla para recibir mayor cantidad de energía chi del universo, y cerrar un poco el Chakra de la Garganta para evitar que la energía salga demasiado rápido. Se pueden abrir o cerrar, activar o calmar los siete chakras para lograr un cierto equilibrio de los diferentes tipos de energía chi en el cuerpo. Ajuste los chakras en relación a cuánta cantidad de energía permiten ingresar, de modo que cada uno funcione en armonía con los otros. Los cinco chakras que se encuentran entre los puntos de la coronilla y el sexo reciben energía chi con movimiento horizontal, permitiendo que el Chakra del Corazón absorba energía dirigida a través de él y aumenta la misma en este punto. Aprenda a cambiar la dirección y distribución de la energía chi de manera que beneficie sus emociones y la forma en que se mueve en la vida.

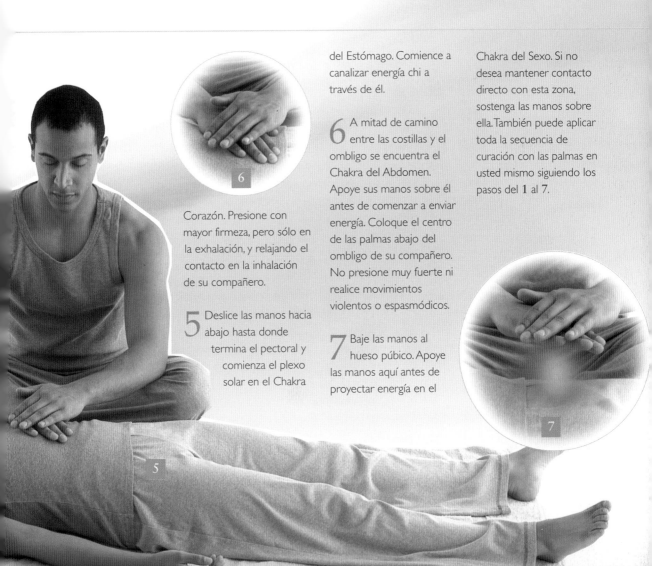

del Estómago. Comience a canalizar energía chi a través de él.

6 A mitad de camino entre las costillas y el ombligo se encuentra el Chakra del Abdomen. Apoye sus manos sobre él antes de comenzar a enviar energía. Coloque el centro de las palmas abajo del ombligo de su compañero. No presione muy fuerte ni realice movimientos violentos o espasmódicos.

Corazón. Presione con mayor firmeza, pero sólo en la exhalación, y relajando el contacto en la inhalación de su compañero.

5 Deslice las manos hacia abajo hasta donde termina el pectoral y comienza el plexo solar en el Chakra

7 Baje las manos al hueso púbico. Apoye las manos aquí antes de proyectar energía en el

Chakra del Sexo. Si no desea mantener contacto directo con esta zona, sostenga las manos sobre ella. También puede aplicar toda la secuencia de curación con las palmas en usted mismo siguiendo los pasos del 1 al 7.

CANTOS

Yo creo que los cantos se deben realizar en lugares relativamente abiertos y ordenados, lo cual ayuda a abrir y expandir el campo de energía exterior. Cuando realice estos ejercicios, arrodíllese o siéntese en el piso o en una silla con las piernas cruzadas, manteniendo la espalda erguida, con todos los chakras alineados, de manera que la energía chi fluya verticalmente sin impedimentos. Para erguir la parte baja de la columna, coloque hacia atrás las costillas bajas y mantenga los hombros quietos. Eleve la cabeza como si le estuvieran estirando la coronilla hacia el cielo.

Respire el forma prolongada para producir sonidos intensos y también prolongados que proyecten vibraciones en cada uno de los chakras. Respire con cada uno de ellos mientras trabaja con uno por vez. Esto es fácil de realizar con los Chakras del Corazón, el Estómago y el Abdomen, pero resulta más difícil con el del Sexo, el cual se puede alcanzar enviando el aire lo más abajo posible, hacia la zona del hueso púbico. Para activar el Chakra de la Coronilla respire rápidamente por la nariz para darle al aire que ingresa suficiente impulso como para que se proyecte con fuerza hasta la parte superior de la cabeza. Inhale de manera similar y dirija el aire hacia la parte baja de la frente. Apriete la garganta y sienta que el aire corre por el Chakra de la Garganta.

Descubrí que cuanto más bajo sea el tono del sonido que produce más profundamente sentirá la vibración en el interior del cuerpo. Comience con un "om" en tono muy alto. Si es lo suficientemente alto, sentirá una leve vibración o una sensación de hormigueo en la parte superior de la cabeza. Esto significa la apertura del Chakra de la Coronilla, ya que comienza a absorber más energía chi del universo. Si realiza esto efectivamente, le garantizo que se sentirá inspirado para usar la imaginación y producir ideas que expandan su mente. Mientras continúa produciendo el sonido "om", baje un poco el tono. Sienta la vibración en la parte baja de la frente activando el Chakra del Entrecejo. Esto aclara la mente, facilita el pensamiento, y resulta ideal cuando se sienta mentalmente embotado, sin ideas, o necesite mayor claridad. Baje más el tono del sonido "om" hasta que sienta una intensa vibración en el Chakra de la Garganta. Abrir el ingreso de energía aquí facilita el flujo de energía entre el corazón y la mente, lo cual es importante para la comunicación.

Emita un sonido "ohh". Varíe el tono hasta que sienta la vibración en el Chakra del Corazón del pecho.

Sienta cómo se irradia a través del esternón y por las costillas para expandir su energía chi emocional. Utilice esta sensación para liberar disgustos del pasado, conectarse con sus sentimientos, y abrir más el Chakra del Corazón. Baje el tono del sonido "ohh" hasta que lo sienta vibrar en el plexo solar, donde el sonido estimulará el Chakra del Estómago. Resulta relativamente fácil que la energía chi se confine aquí, restringiendo el flujo de energía a los otros chakras. Si se tensiona con facilidad, concentre su canto en este punto para liberar los bloqueos de todo el canal. Estimular esta energía chi local facilitará el desarrollo del poder necesario para enfrentar los desafíos de la vida.

Profiera un sonido "ahh" y envíe la vibración hacia la parte baja del cuerpo. Ajuste el tono para sentir la vibración alrededor del ombligo, donde se encuentra el Chakra del Abdomen. Como en esta zona no hay huesos, le resultará más difícil sentir el mismo "zumbido" que en el pecho, por lo tanto deberá emitir un sonido más intenso para liberar más energía chi e incrementar la vitalidad. Esto le ayudará a librarse de los miedos y tener una perspectiva más positiva. Hacer llegar las vibraciones a los órganos sexuales es todo un desafío. Debe producir un sonido "ahh" increíblemente bajo y suave, similar a una nota base baja. Respire lo más profundo que pueda, dejando que el sonido parta de la base de la garganta. Esfuércese para que el tono llegue a la base de la columna vertebral. Esto removerá la energía chi alrededor de los órganos sexuales facilitando la recepción y expulsión de energía chi desde aquí. Cuando estimule la energía chi sexual de este chakra, estará absorbiendo más energía de la Tierra. Deje que ella llene su cuerpo con la fuerza vital que alimenta nuestros instintos básicos de reproducción y supervivencia.

Para movilizar la energía chi en forma ascendente por el cuerpo, inhale profundamente. Comience con el sonido "ahh" más bajo que pueda emitir. Movilice la vibración hacia arriba emitiendo un sonido "aah" más elevado, luego cambie por los sonidos "ohh" y "om" hasta llegar a la parte superior de la cabeza, todo con una sola inhalación. Si repite este ejercicio varias veces, sentirá que los niveles de energía se elevan, caracterizado por un agolpamiento de energía chi en la cabeza. Práctiquelo cuando se sienta abatido y necesite inspiración.

Para movilizar la energía chi en forma descendente por el cuerpo, respire en forma prolongada y trabaje con los sonidos "ohh," "om," y "ahh" cada vez más bajos. La vibración debe comenzar en la parte superior de la cabeza y llegar lo más bajo posible. Este ejercicio lo tranquilizará cuando se sienta emocionalmente sobrexitado. Repita varias veces.

MEJOR EL SEXO CANALIZANDO LA ENERGÍA CHI A TRAVÉS DE LOS CHAKRAS

GENTE

Como emociones humanas, el sentido de comunidad y el conocimiento de la conciencia evolucionaron dentro de nuestras especies, y el sexo comenzó a representar más que una simple función biológica. A través de los años, se refinó para convertirse en una sublime fuente de placer y una forma íntima de expresar amor y deseo. El sexo continúa siendo un componente clave de la evolución humana y, aunque no es fácil trascender los instintos primitivos, se pueden combinar con una energía emocional y espiritual más elevada para alcanzar una experiencia profundamente satisfactoria en todos ls niveles.

El sexo y el hambre son las fuerzas motrices más grandes en los individuos saludables. Al igual que el comer, la actividad sexual es un instinto vital básico. La supervivencia de cualquier especie depende de la habilidad de reproducirse exitosamente y de mantener la nutrición para el crecimiento y la curación. La evolución programó el sexo en nuestra formación física y psicológica como una necesidad primitiva. Sin embargo, los roles de las mujeres y los hombres en este proceso son fundamentalmente diferentes, opuestos aunque complementarios.

Un buen vínculo sexual mantiene un flujo de energía chi armonioso que actúa como una energía sanadora para superar las diferencias y alienta a ambos participantes a conectarse. Como las propuestas de la sociedad respecto del sexo se han vuelto en más liberales y sinceras, la gente ha desarrollado un mayor conocimiento de lo que es una vida íntima satisfactoria. Para comprender cómo funciona el sexo en un nivel más

PREPARAR LA ESCENA PARA LA SEDUCCIÓN

Un dormitorio con atracción sexual debe tener espacio suficiente para ejercitar una completa libertad de expresión. Si quiere explorar otras zonas de la habitación mientras hace el amor resulta útil tener almohadones grandes o un sofá cómodo, además de la cama.

La iluminación es muy importante en este escenario. Si los estímulos visuales le resultan seductores y disfruta viendo a su compañero, las luces muy tenues no funcionarán tan bien como una iluminación suave. Las velas tienen mucha popularidad porque aportan una energía apasionada a una habitación. Si ambos disfrutan de las sensaciones táctiles,

estar cerca en una habitación oscura mejorará la experiencia. La habitación debe tener suficiente aislación contra los ruidos para que ambos se sientan relativamente desinhibidos cuando realizan sonidos durante el acto sexual. Para crear un ambiente más excitante, coloque elementos sexuales en este espacio íntimo, como esculturas, pinturas o fotografías de parejas juntas. Coloque flores muy perfumadas junto a la cama para mejorar los ánimos. Pruebe con las orquídeas, ya que tienen una esencia afrodisíaca intensa.

elevado, tenga en cuenta cómo reacciona su energía chi en la intimidad y así poder entender mejor por qué se siente sexualmente excitado, explorar qué le brinda placer y cómo obtener satisfacción. La realización sexual funciona a través de la reciprocidad. Los hombres y las mujeres tienen diferentes demandas y cada persona requerirá estímulos específicos para obtener una gratificación sexual. Por ejemplo, en las relaciones sexuales entre solteros resulta más fácil relacionarse con las necesidades del otro porque ambos comparten el mismo tipo de energía sexual.

Durante el sexo penetrativo, la energía chi interactúa con mucha intensidad ya que un participante está literalmente adentro del otro. En estos momentos es cuando las energías chi se mezclan activamente y, si uno está abierto y emocionalmente cargado, absorberá la energía chi del otro. Este proceso puede ser tan poderoso que las parejas que tienen una vida sexual activa y apasionada pueden superar diferencias más fácilmente que las que son menos activas. Cuando la actividad sexual comienza a debilitarse, surgen más "problemas", ya que las diferencias de energía chi de cada persona se hacen más obvias.

Se puede mejorar el proceso íntimo activando los chakras durante el acto sexual, experimente movilizando la energía chi en forma ascendente a través de los chakras del cuerpo masculino, uno a la vez, y en forma descendente en el cuerpo femenino. Preparar y cargar los chakras durante el acto sexual lleva a una vitalidad saludable que permite que la energía chi se mueva velozmente por el cuerpo cuando se llega al orgasmo. Aunque este patrón generalmente difiere para hombres y mujeres, brinda claves importantes para que ambos alcancen un éxtasis sexual completo. El sexo regular y satisfactorio es el resultado de una armonía establecida entre los chakras a través de un intercambio activo de energía chi. Si su patrón sexual se convierte en algo demasiado mecánico, puede perder la oportunidad de cargar la energía chi de los chakras más elevados.

Para lograr un esclarecimiento sexual concéntrese en lo que sucede antes, durante y después del acto sexual. Después de haber comprendido cómo funciona el proceso desde la excitación hasta el orgasmo, practique y construya su propia experiencia en la vida real. Durante el acto sexual, los siete chakras cargados del cuerpo marcan la trayectoria de su energía emocional. Úselo para explorar formas de obtener emociones y placeres más profundos, y para aprender a combinar las energías emocionales y sexuales de acuerdo con sus necesidades.

MUCHA PASIÓN
Durante el acto sexual, resulta fácil pasar de los instintos primitivos a las emociones elevadas. La unificación de ambos brinda mayor placer y excitación a toda la experiencia.

EL CHAKRA DE LA CORONILLA (SAHASRARA)

El Chakra de la Coronilla, ubicado en la parte superior de la cabeza, permite que la energía chi ingrese al cuerpo y representa el vínculo con el cielo y el mundo espiritual. Durante el orgasmo femenino está muy activo. Para abrir este chakra durante la actividad sexual, respire lo más bajo que le sea posible hasta el abdomen, luego exhale para elevar la energía chi a la cabeza. Genere el impulso cuando eleve la energía por el cuerpo en la exhalación. Aquí es donde se unen el sexo y la espiritualidad, desde la energía sexual primordial del Chakra del Sexo hasta la energía chi celestial del Chakra de la Coronilla.

EL CHAKRA DEL ENTRECEJO (AJNA)

El Chakra del Entrecejo, ubicado entre las cejas, está asociado con el intelecto, y se activará en los hombres al comienzo y durante el acto sexual. Es particularmente energético cuando los hombres fantesean con el sexo o se exponen a algo excitante. Estimule el Chakra del Entrecejo manteniendo las luces encendidas, haciendo el amor a la luz de las velas o frente a un espejo. Las decoraciones y los elementos seductores son muy importantes para estimular el Chakra del Entrecejo, ya que es aquí donde la imaginación inventa y prueba nuevas formas de mantener relaciones sexuales.

EL CHAKRA DE LA GARGANTA (VISHUDDHA)

El Chakra de la Garganta, ubicado en el cuello, está asociado con la comunicación. Estimúlelo besando o con cualquier otra actividad sexual que use la lengua. El Chakra de la Garganta actúa como liberador de la energía ascendente y ayuda a las mujeres cuando necesitan gritar al llegar al orgasmo para liberar energía por el Chakra de la Coronilla. A menudo es una sensación de hormigueo. El Chakra de la Garganta también se puede activar durante el acto sexual o verbalizando las fantasías. Los sonidos que se emiten durante el acto sexual también pueden ser muy estimulantes y ayudan a vincularse enviando vibraciones de energía chi al aire, armonizando de este modo los campos de energía chi esteriores de ambos protagonistas.

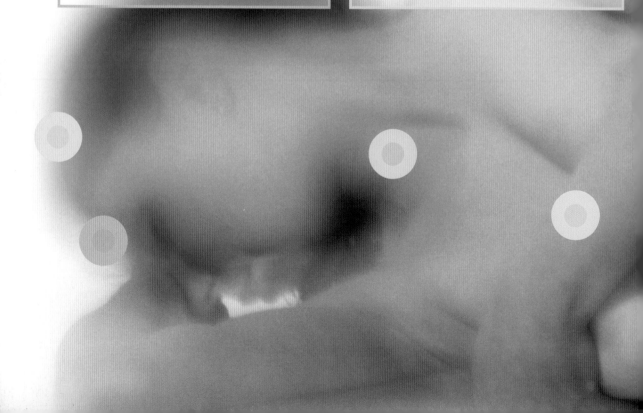

EL CHAKRA DEL CORAZÓN (ANAHATA)

El Chakra del Corazón ubicado en el medio del pecho, contiene la energía emocional de sentimientos tales como el amor, la diversión y la intimidad, los cuales se pueden irradiar hacia arriba y hacia abajo del cuerpo. A través de él, un individuo decide si quiere tener sexo o no. Estimule los pezones durante el acto sexual para aumentar esta energía local. El Chakra del Corazón actúa como una puerta de entrada, restringiendo el flujo de energía chi de los chakras inferiores hacia los superiores y viceversa. Cuando la idea de mantener relaciones sexuales resulta atractiva, pero no existe una urgencia física, o la mente simplemente dice "no", puede estar medio cerrado. Masajeen el pecho uno del otro para abrir la energía chi contenida en este lugar.

EL CHAKRA DEL ESTÓMAGO (MANIPURA)

El Chakra del Estómago, ubicado entre el Chakra del Corazón y el ombligo, está asociado con su manejo de la vida, y afecta la potencia y el vigor sexual. Cuando está muy excitado, puede sentir un zumbido en este chakra y una energía nerviosa desde el comienzo. Puede resultar tranquilizador besar y colocar una mano sobre él para contener y nutrir la energía chi de este lugar. Demasiado líquido frío o comida caliente pueden apagar la energía chi del Chakra del Estómago y no permitir disfrutar de un sexo energético y prolongado.

EL CHAKRA DEL ABDOMEN (MULADHARA)

El Chakra del Abdomen, asiento de la energía chi, está ubicado justo abajo del ombligo. La energía sexual se origina en esta parte del cuerpo, y al energizar este chakra aumentará el apetito por el sexo y por la vida en general. Podrá precipitar un orgasmo respirando profundamente con la parte inferior del abdomen. En los hombres, esto estimula la glándula de la próstata. Durante el acto sexual, muchos movimientos se originan en el Chakra Abdominal. Si siente cansancio o debilidad en esta zona, perderá el vigor y la fuerza física requeridos para desempeñarse con un nivel sexual óptimo.

EL CHAKRA DEL SEXO (SVADISTHANA)

El pene y la vagina marcan la ubicación del Chakra del Sexo (ligado a las necesidades reproductivas primitivas). Cuando esta energía se eleva influye sobre la energía chi de los otros chakras. Aumente el flujo haciendo descender la energía chi de los chakras superiores, o estimulando directamente la energía chi del Chakra del Sexo. Los hombres son más fáciles de estimular, mientras que las mujeres requieren un flujo de energía más intenso de los chakras superiores. La vagina acepta la energía, mientras que el pene y los testículos la rechazan, provocando que el orgasmo masculino sea más intenso en la mitad inferior del cuerpo, y el orgasmo femenino en la parte superior de los chakras.

COMER PARA NUTRIR EL ALMA

VERDADES HOGAREÑAS
En compañía de amigos,
simplemente pasando un
buen momento, se llenará de
energía chi nutritiva. En las
familias muy unidas, durante
la comida que circulan por la
mesa también es
"bendecida" con energía chi
positiva que su cuerpo puede
absorber.

La dieta ayuda a determinar la cantidad y tipo de energía chi que ingiere a través de los alimentos. No sólo es importante el contenido de energía que tiene, sino también la forma en que se ingieren. Se pueden ejercer cambios en la energía chi que contiene lo que se comió teniendo en cuenta cómo fueron preparados los ingredientes y cómo se ingirieron. Utilice la energía contenida en las distintas recetas para nutrir y alimentar la energía chi interior, en la cual puede pensar como si fuera su "alma". Los comestibles y sus respectivas energías chi penetrarán rápidamente en el canal de energía chi central ya que pasan a través de los Chakras de la Garganta, el Corazón, el Estómago y el Abdomen. Si se apura o se deja de lado el suministro de energía chi que se obtiene mediante la alimentación, su cuerpo lo compensará absorbiendo más energía exterior a través de la respiración y del medio ambiente. Los yogis, maestros de esta técnica, son capaces de ingerir la suficiente energía chi para largos períodos sin asistencia de alimentos o comidas.

Cuando compre comestibles, tenga en cuenta el contenido de energía chi que lleva en el carrito de compras. Seleccione alimentos que aún estén

AMBIENTE DE LAS COMIDAS

Todos los esfuerzos deben estar puestos en convertir la zona designada para las comidas en un lugar pacífico y relajado, preferentemente espacioso, decorado con materiales naturales y con aire puro y luz solar. El mejor tipo de muebles para comedores que ayuden a concentrarse en lo que se va a comer son sillas con respaldos rectos o taburetes. Éstos alinean los chakras y el canal de energía chi central en una posición vertical que facilita el flujo de energía en el cuerpo mientras come. Antes de sentarse a comer, prepárese para recibir y asimilar energía chi nueva en su sistema. Siéntese quieto e inhale y exhale lentamente. Trate de vaciar la mente pensando en el principio chino "un grano, 10.000 granos", (la capacidad de un simple grano de arroz de producir miles, incluso millones de otros granos). Sienta gratitud y aprecio por lo que está a punto de recibir y tómese su tiempo para pensar cómo creció y se cosechó cada uno de los ingredientes.

Mastique cada bocado cuidadosamente y rompa el alimento por completo. Mastique 30 a 70 veces cada bocado. No beba durante las comidas, ya que los líquidos diluyen los jugos gástricos, prolongando la digestión. Beba 30 minutos antes o después de una comida. Realice un intervalo de media a una hora entre los alimentos dulces y salados, porque el sistema digestivo procesará los postres más rápidamente. Si hay comida con un movimiento más lento por delante, esto provocará un conflicto en el tracto digestivo. Después de que haya terminado de comer, un flujo adicional de sangre entrará en el intestino delgado (Chakra Abdominal), así que deje que este proceso siga su curso antes de continuar con su día. Permita que una digestión adecuada de los alimentos asimile nueva energía chi.

"vivos", granos enteros, frutas secas, semillas, verduras y frutas, y busque ingredientes con intensa energía chi.

Por ejemplo, elija zanahorias delgadas, con nudos que hayan tenido que crecer en condiciones rocosas y venciendo obstáculos en el suelo en lugar de las gruesas y rectas. Cuando guarde ingredientes en casa, almacénelos en algún lugar donde haya mucha energía chi saludable y pura, por ejemplo una habitación seca, fresca, con aire puro. Como la mayoría de los alimentos vienen sellados en envoltorios de plástico, retire esta capa para que los ingredientes puedan "respirar" y absorban de inmediato la energía chi de su cocina o despensa. Las bolsas de papel permiten que los alimentos retengan su energía chi natural, y por lo tanto constituyen el mejor tipo de recipiente para almacenar.

Cuando prepare comidas, evite los artefactos eléctricos (el horno de microondas en especial), ya que su intensa actividad magnética perturba la energía chi que contienen los alimentos. Cuando sirve los platos, un poco de su energía chi se filtrará en ellos, por lo tanto es importante que proyecte energía chi beneficiosa cuando manipule alimentos para transmitir energía positiva a ellos. Cuando prepare la mesa, utilice platos de porcelana o alfarería, y cuchillería que incorpore materiales naturales, como mangos de madera.

ABSTINENCIA PARA REPONER ENERGÍA CHI

La abstinencia consiste en la convicción de que se puede romper la conexión básica con los alimentos y nutrir el alma privándose de ellos. Esta postura le permitirá buscar otras fuentes para reponer su energía chi y una clase de energía comenzará a ocupar su cuerpo. Cuando empiece a absorber más energía chi del universo y del planeta Tierra, experimentará una absoluta claridad mental; una purificación de todas las emociones negativas y una perspectiva renovada de la vida.

Decida la duración de la abstinencia. Tres días es la máxima duración para la mayoría de la gente. Del amanecer al anochecer es muy común y es un buen comienzo. Alternativamente, repita este patrón durante varios días o realice una sola comida al anochecer durante una cantidad de días consecutivos. Si está pensando en una abstinencia prolongada, inténtelo con la ayuda de alguien en quien pueda confiar. Algunas personas experimentan picos al no poder comer, así que necesita a alguien que lo saque de este estado de ánimo. Cuando termine la abstinencia, debe volver

ENCONTRAR LA DIETA ADECUADA

Éstas son mis sugerencias para distintos tipos de abstinencias, con la descripción de los beneficios. La abstinencia provocará un cambio en los niveles de azúcar y otros componentes químicos de la sangre. Si sufrió deficiencia nutricinal, diabetes, presión sanguínea alta o baja, consulte con su médico antes de realizar cualquiera de estas dietas.

ABSTINENCIA DE UN DÍA

Esta dieta es ideal para el fin de semana, cuando se puede suspender la rutina semanal normal. Beba sólo agua durante un día. Esta breve abstinencia le dará un descanso a todo el sistema digestivo. Se sentirá más pendiente de lo que come que de sus anhelos.

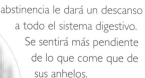

ABSTINENCIA DEL AMANECER AL ANOCHECER

Durante esta dieta beba líquidos durante todo el día e ingiera una simple comida al anochecer. Al atardecer coma alimentos simples y sin procesar, como arroz integral, mijo, maíz en chala, verduras frescas, frutas secas, semillas y frutas.

Adopte las ideas expuestas en Alimentos para la claridad de Pensamiento (ver páginas 56-63) para abrsorber distintos tipos de energía chi en su cuerpo, romper con los patrones de comida insalubres, e imprimir un nuevo ritmo a la digestión de su cuerpo. Trate de mantener este cambio.

al mundo real, y buscar la forma de incorporar la experiencia de la abstinencia a su rutina diaria.

Regrese lentamente a sus alimentos habituales y aumente las cantidades en forma gradual hasta retomar el patrón de comidas normal. Abstenerse y romper la abstinencia es más perjudicial que no abstenerse.

Durante los días previos a la abstinencia, coma menos y siga una dieta más saludable. Tómese dos días para comenzar a realizar la abstinencia y otros dos para salir de ella. Todas las abstinencias permiten el consumo ilimitado de agua, pero también pueden incluir jugos de verduras, jugos de frutas y sopas. Si incluye sólidos, asegúrese de estar solo o con alguien que esté haciendo la misma dieta. Mastique bien cada bocado, se sorprenderá al comprobar las pequeñas cantidades que se necesitan para sentirse satisfecho. No se deshidrate, es mejor beber mucho que poco. Las verduras, los granos cocinados y las frutas contienen grandes cantidades de líquido; si no consume ninguno de estos ingredientes en su dieta, remplácelos por agua. Evite todos los alimentos procesados y coma sólo granos enteros y verduras, y reduzca gradualmente las cantidades.

ABSTINENCIA DE TRES DÍAS

Durante esta abstinencia, beba sólo agua, té de hierbas o jugos durante un período de hasta tres días. Proceda con cuidado y deténgase si se siente mareado, débil o muy pálido en cualquier momento. No la realice si está anémico, tiene hipoglucemia o es propenso a los desmayos. No realice esta abstinencia durante dos períodos seguidos sin un intervalo entre las sesiones.

Notará una caída gradual y saludable en el peso después de los primeros días. Como se eliminan las toxinas sentirá emociones muy intensas. Al tercer día, se sentirá con más energía, más centrado y en armonía con el mundo. Al establecer patrones de alimentación, las emociones y las rutinas aparecerán en forma gradual, ya que la energía chi será más pura, y usted será más receptivo a nuevos pensamientos, dirección y cambios de vida.

Cuando termine la abstinencia, las tazas de café y los bocadillos de la media mañana o la tarde serán cosa del pasado.

ABSTINENCIA DE 10 DÍAS

Esta abstinencia consiste en comidas de granos integrales y verduras, suplementados con agua, jugo, té y sopas de caldos de verduras. Se permiten tres comidas diarias, con las cantidades que desee, en tanto mastique muy bien los alimentos. Por ejemplo, puede consumir un recipiente de potaje en el desayuno; maíz en chala y verduras en el almuerzo; y arroz integral y verduras en la cena. Utilice una variedad de verduras y granos, por ejemplo, puede mezclar arroz integral con trigo entero, centeno o cebada. Inicialmente advertirá una pérdida de peso gradual, pero sostenida. Si realiza un período de desintoxicación más prolongado, comenzará a sentirse más conectado con el universo, al obtener nuevas e interesantes percepciones sobre usted y el mundo. Tómese 1 a 2 días para reajustarse.

ÍNDICE TEMÁTICO

AGRADECIMIENTOS

Quiero agradecer a: mamá por todo su amor, a la querida Dragana, por la pasión, excitación y diversión; a mis cuatro hermosos y mejores muchachos: Christopher, Alexander, Nicholas, y Michael por la excepcional energía chi que poseen; a mi hermana Mel y su tribu, Adam, Angela, Fran y Georgina; a la familia de Dragana (¡a los siete!).

A mis amigos y colegas: Jeremy, Boy George, Michael Maloney, Hans y Paola, Karin, Dule y Enno ¡fue genial compartir una parte de mi vida con ustedes! Y, por supuesto, al espléndido equipo de "Y" especialmente a ¡Pearl y Greg! A mis camaradas de tanto tiempo de la editorial Carroll & Brown, Denise, Amy, Anna, Enily, Jules, y al equipo, ¡es un placer trabajar con ustedes! ¡En serio!

CONTACTOS

Simon G. Brown, PO Box10453, London, NW3 4WD
Tel +44 (0) 20 7431 9897 Fax: +44 (0) 20 7431 9897
Email: simon@chienergy.co.uk
Sitio web: www.chienergy.co.uk

CARROLL & BROWN DESEAN AGRADECER A

Producción Karol Davies, Nigel Reed
IT Paul Stradling, Nicky Rein
Asistencia fotográfica David Yems
Investigación de imágenes Sandra Schneider
Índice Madeline Weston

CRÉDITOS FOTOGRÁFICOS

P. 18 (arriba izquierda) Manfred Kage/Science Photo Library; p.21 *Journal für die Frau*/Camera Press; p. 25 (centro) Gary Compton/Camera Press; p. 55 Getty Images.
Cubierta del frente (centro izquierda) *Journal für die Frau*/Camera Press

BIOGRAFÍA

Simon Brown, ingeniero en diseño, tiene dos inventos patentados a su nombre. Comenzó sus estudios de Medicina Oriental en 1981, y luego estudió con Michio y Avelline Kushi, Shizuko Yamamoto y Denny Waxman en EE. UU., antes de convertirse en terapeuta en shiatsu y consultor en macrobiótica. Simon Brown fue director de la London's Community Health Foundation durante siete años, donde dictó cursos sobre las artes de curación orientales. Desde 1993, Simon Brown se dedica por completo al feng shui y al shiatsu con clientes célebres como Boy George, y grandes corporaciones, como The Body Shop y British Airways. Simon es miembro de la Sociedad de Feng Shui y de la Sociedad de Shiatsu.

CONSULTAS Y CURSOS

Simon brinda un completo servicio de consulta sobre curaciones y feng shui. Las consultas sobre feng shui pueden incluir una visita al lugar o se pueden realizar por correo, e incluyen planos de los pisos con las explicaciones y recomendaciones sobre feng shui necesarias; un informe y estudio completos; información astrológica feng shui para los cuatro años siguientes; las mejores orientaciones para el año en curso; y las mejores fechas para poner en práctica sus recomendaciones. También brinda consejos telefónicos y por email. Simon también brinda tratamientos de shiatsu en su clínica de Londres.

Simon ofrece una variedad de cursos sobre feng shui, que abarcan desde introducciones de un día hasta cursos completos con certificaciones, que incluyen tareas para el hogar y evaluaciones. También dicta cursos para arquitectos y diseñadores.

LIBROS DE SIMON BROWN DE EDITORIAL ALBATROS

Cocina Feng Shui Steven Saunders y Simon Brown.
Feng Shui. Soluciones prácticas – Simon Brown.